NK INK INK INK INK INK INK IN
INK INK INK INK INK INK INK
NK INK INK INK INK INK INK IN
INK INK INK INK INK INK INK
NK INK INK INK INK INK INK IN
INK INK INK INK INK INK INK
NK INK INK INK INK INK INK IN
INK INK INK INK INK INK INK
NK INK INK INK INK INK INK IN
INK INK INK INK INK INK INK
NK INK INK INK INK INK INK IN
INK INK INK INK INK INK INK
NK INK INK INK INK INK INK IN
INK INK INK INK INK INK INK
NK INK INK INK INK INK INK IN
INK INK INK INK INK INK INK
NK INK INK INK INK INK INK IN
INK INK INK INK INK INK INK
NK INK INK INK INK INK INK IN
INK INK INK INK INK INK INK
NK INK INK INK INK INK INK IN
INK INK INK INK INK INK INK
NK INK INK INK INK INK INK IN
INK INK INK INK INK INK INK
NK INK INK INK INK INK INK IN
INK INK INK INK INK INK INK
NK INK INK INK INK INK INK IN

INK INK INK INK INK INK
INK INK INK INK INK INK INK
INK INK INK INK INK INK
INK INK INK INK INK INK INK
INK INK INK INK INK INK
INK INK INK INK INK INK INK
INK INK INK INK INK INK
INK INK INK INK INK INK INK
INK INK INK INK INK INK
INK INK INK INK INK INK INK
INK INK INK INK INK INK
INK INK INK INK INK INK INK
INK INK INK INK INK INK
INK INK INK INK INK INK INK
INK INK INK INK INK INK
INK INK INK INK INK INK INK
INK INK INK INK INK INK
INK INK INK INK INK INK INK
INK INK INK INK INK INK
INK INK INK INK INK INK INK
INK INK INK INK INK INK
INK INK INK INK INK INK INK
INK INK INK INK INK INK
INK INK INK INK INK INK INK
INK INK INK INK INK INK
INK INK INK INK INK INK INK

INK

只怕 Sisy Notes 陳文茜

二二八後五十八年，我們本省人是否該輕輕自問一句：
外省人，有沒有在台灣活下去的權利？

我與「李敖大哥大」

如果李敖包辦五百年來第一名，我只要五百零一年第一，就超越他了。

我相信政治人物上場之前，就應先學退場。
不懂得退場之美，是台灣政治人物的通病。

其實沒人真正怕我，善良的都不怕。他們怕我，因為怕我說真話。

人生像取景，它是一種不斷的選擇。

歷史對待政治人物，看似有情，卻是很無情。

寫一本書，給族群、給兩岸、給大官、
給小人物，最後給自己。

People 002

# 只怕

Sisy Notes

# 陳文茜

陳文茜・著

獻給

土地上所有受難的人，包括外省人

【目錄】

## 輯三　給廣場



## 輯四　給兩岸



## 輯五　給老人

# 【序】山頂人生

我喜歡陽明山，它像一個渾然天成的大舞台，隔開兩個世界。

站在陽明山的頂端，燦爛的台北城被拋在遠方，遠望盡是一片蘆葦，風在它的頂端呼嘯來呼嘯去。這個季節，蘆葦花已開了滿山坡，風翻起蘆葦頂端，白色的細花像曼波舞一樣顫動著。到了傍晚時分，開著車子往陽明山腳下走，追逐夕陽，和夕陽比賽誰跑得快。傍晚五點左右，山下台北城已有迫不及待的人打開屋裡的燈，城雖有點亮光，但又布著一層灰；總得等到六點，確定暗了下來，每家燈火都亮了，台北像撐開一張超大型的黑傘，骨幹點綴星光，又是一番美麗風景。

二十歲時，我曾翻越陽明山拜訪很少謀面的父親，他工作於陽明山的另一端。孤兒們在烽火淚情中，嘗試尋找自己的親生父母，他們的動力來自相信親生父母是愛他們

陳文茜

的。陽明山像一個特大的舞台，隔開我的兩個世界。我知道我的父親在另外一端山腳下上班，二十歲我曾數度站在山頂上，看著山腳下不太熟悉的金山，不曉得爲什麼要去看父親。自小跟外祖母長大，沒有爸爸，沒有媽媽，孩提時候我自己發展出一套應付繁複世界的快樂邏輯。媽媽回台北，我看看溫柔的外婆，自我安慰：「就把她當成逢年送禮物的聖誕老公公好了」；爸爸濃重的日本口音，更使我慶幸：「天啊，還好他不要來跟我住，天天囉唆，多慘啊！」

陽明山這座山的隔閡，擋住了我的秘密世界，它使我不用面對人生的悲慘與難堪。這樣密集的一兩年吧，我曾想跨越山頂，探觸另外一個世界，一個我自小早已放棄的世界，不能碰觸的秘密世界，但也就在那麼一兩年，我終而還是放棄了。

人的一生總在選擇，許多東西是命定的，但越不做選擇的人，越沒有得到幸福的機會。就像當年選擇跟外婆住，長大選擇跟母親每天吵架，成年後選擇單身，如今中年則選擇抱著三個死去老狗的骨灰罈一天天過去。痛少一點，快樂多一點，人生可以避掉很多原本避不掉的悲劇。

這是我經營快樂人生的哲學，選擇就有割捨。三年前我選擇當立委，三年後我選擇只做一屆。我看穿自己只是一個入戲的觀眾，當我看著台上的戲演得如此之爛時，忍不住從觀眾席跑上去當演員；但我只是一個入戲的觀眾，終究要回到觀眾席。

許多對我高度期望的人問，未來要做什麼？幾天前參加丁守中的募款餐會，有人興起還建議我選二〇〇八副總統？我和她們開玩笑，細數台灣副總統當得最好的兩人李登輝和李元簇，李登輝當副總統，居然當到讓蔣經國相信他是個沒有野心的人；爲此，他坐椅子假裝只坐三分之一，我現在的身材要我只坐三分之一，欺騙總統我沒野心，已做不到，一不小心，屁股太大，一不穩豈不掉下來？李元簇當副總統，當得李登輝滿意，因爲他是個沒有聲音的人；各位想想，我可能是個沒有聲音的人嗎？呂秀蓮當副總統，當到競選時被開一槍，甚至自己都懷疑民進黨的同志打算殺她來贏得總統大選。副總統這種位置，看似輝煌，能做嗎？要當副總統，不如當總統！我話說完，全場都鼓掌笑了，除了一個人，那就是馬英九的爸爸。他望子心切，聽到有人要跟他兒子搶位置，雖然明知是笑話，但還是一臉苦瓜。

人生像取景，它是一種選擇。你可以選擇白天看著滿山的蘆葦律動，晚上看著山腳下的台北點燈，想像每個燈火下或許正有一對男歡女愛爭執的情人，然後自己一個人開著車子，聽著Andrea Bocelli的歌聲，在暖暖的愛情回憶中偷笑。

大多數的人，不太敢爲自己的人生做選擇。他們的人生就成了浮浮沉沉的生物體，沒有自己的意志，一切仰賴神蹟。如果要說我的人生跟別人在信仰上有什麼重大的差別，不是統派，不是獨派，而是自己之派，我認爲自己獨立最重要，自己獨立的選擇人生最重要。

我常掛在嘴邊唸，人生快半百了，急的不是自己老，而是著急人生已經過了一大半，該有個了結。我有個信仰，現代人應該把自己的人生當兩個用。十八世紀的人不能想像飛機，十九世紀的人看到火車以爲這已是世界最快的玩意兒，二十世紀初的人看到汽車撲通撲通地跳，心想著這冒煙的東西眞能抵得過拉大便的馬車嗎？現代人毫無道理活得與古老人一樣，一輩子只能做農夫、當寫字畫畫的人。我們總有一些夢想，五十歲以前的人生多半是現實妥協下的產物；五十歲以後，每個人都應該把自己剩餘的人生當一幅水彩畫，拿個筆，不管顏色的濃烈程度，往布上揮灑落筆下去，就怕你的夢想與顏色塡不滿後半剩餘人生。

生命本身就是個美好的事物。我現在沒事就上Tuscany（托斯卡尼）的房地產網站，或是西班牙Barcelona（巴塞隆納）城外農莊的房地產網頁，每天注意它們的價格變化。一棟在Tuscany艷陽下的農莊，只消台幣一千五百萬；Barcelona郊外農莊目前市價在歐元還沒有大漲之前，只要八百多萬台幣。我點算了自己的人生，總有一天，要住到那幾個老莊園去。

我出生於二十世紀中旬，正好是兩次世界大戰結束之後。在我的世代之前，人類只有一個高傲的行業——作家，他們記錄著戰爭中被人們所忽略掉的許多情感細節，成就了非凡的文學藝術。我出生到十歲左右，電視出現了，寫作這行業沒落了，細節變得不太重要。許多可以慢慢品味的東西，被扔了，人生等同於資訊，只要快，只要多。到現在，許多人可能不太理解我爲什麼再忙每個禮拜非寫《商業周刊》的專欄不可？因爲只有這支筆，是我出生到現在，從來不變的精神力量。從來不變的家，從來不會失去或死去的親情，它像我的親人。筆的型態轉變了那麼多，鋼筆、鉛筆、水墨筆，在紙稿上飛奔著，把我們人生裡頭來不及過的、來不及眞正去享受的，點點滴滴找回來；所以我拒絕學電腦。

我內心裡頭有個強大的聲音吶喊著，人生不能就這麼過啊！於是自己親手終結政治之路。我想要圓小時的夢，當一個作家。我要讓自己離開這座島嶼，離開那座在意念上隔開人類世界的山，我要每一個懂得華文的人，都有機會看到我爲世間人生記下的每一個細節。許多關心我的朋友問我，將來究竟要做什麼？好像不從政就會死一樣。可是我一告訴他們我的夢想，我要當個華文寫作者，如果可以的話，我要十年之後，成爲一個不斷旅居世界各地莊園的旅行文學家。我的一個朋友從本來哀悼的眼神，到慢慢泛著彩光，最後喝采：「姊姊，我可不可以當妳的出版經紀人？以後幫妳在亞洲賣書？」

人類從來沒有一個世紀可以免除掉戰爭。不管怎麼說，我們這些大戰後所出生的人，本來慶幸自己的世紀是和平的，但也羨慕著前朝的作家，可以如此完完整整地生活過。或許是那個握著筆的直覺，使我有預感，我們這一代所要面臨的悲劇，才眞正要來臨。過了半個和平人生，動亂的半生緣又要回來了，握著筆，我告訴自己，這是我要提筆記錄的痛苦人生。

這個新世紀，美國和回教徒的血債，解決不了；一九九〇年的波斯灣戰爭帶來九一一，九一一又引發了伊拉克之役。阿拉法特，那個剽悍地帶著槍桿子走進聯合國的鬥士，已倒下，在他有生之年，看不到巴勒斯坦人可以建國，等不到中東之血可以停止。總要等到戰爭之後，作家們寫下處處動人細節之後，人們才能了解，發生在人類身上的悲劇是怎麼一步一步形成的。

我並不想預言戰爭，可是當我的人生眞的走到半百，決定要過下一個人生時，我卻隱隱約約的預知一些不祥紀事，我知道終究上個世紀的輪迴又來了，我往後必須準備寫下一樁樁戰爭中的故事。

驀然回首，陽明山的太陽又已西沉了，新的一樁逐夢之事又將從這個舞台幕幕演出。

等著第二個人生。

二〇〇四、十一、二

輯一

# 給族群

# 啊！外省人

一九四七年三月七日，蔣介石派遣二十一師登陸基隆港口。依監察院楊亮功公布的二二八事件調查報告，艦隊才開到港口，便接獲情報，「島內均亂民」。艦長於是下令：「見人就掃蕩。」一九四七的基隆港，沒有太美麗的走道，時間也非夕陽西下。風有點大、雨飄得細細，不知情的民眾在港灣散步著。機槍掃射初始，打出來的砲彈和太陽一樣亮，穿著拖鞋、老台式短褲的男女老少，只聽聞轟的一聲，倒躺於地，死了。

著名的二二八事件，就此開始了最高潮的國家暴力鎮壓。沒有人知道，乘著軍艦開槍的士兵，如今在哪兒？他還安在嗎？他的後代住在台灣？還是中國大陸的某個角落？那艘軍艦，著著實實打出了台灣歷史中最重要的第一槍，從此之後的台灣史，悲情且仇恨地發展了五十多年，至今未歇。

開槍的軍隊，沒有名、沒有姓，只有二十一師代號。兇手名字未知，本地人只能辨識他們，「外來省分的人」。半個世紀以來，「兇手」被連結一個等同擴大數萬倍的符號：外省人。

二二八事件兩年後，中國內戰中全然敗退的國民黨政府，倉皇帶著子弟兵渡海遷台。新一批的外省人，有的只十六歲，有的早起才走入田耕，就被強拉當兵。一輩子沒出過洋，從沒聽過二二八，第一站就穿著草鞋來台灣。往後的日子裡，他們多半躲在台灣的竹籬笆世界，有人退伍了，才花盡畢生積蓄買個姑娘，守個家。

打從十六歲起，這群人就沒有爸爸媽媽。國破山河，他們的世界只有蔣公，也只能跟著蔣公。竹籬笆外的世界，對他充滿了強烈的敵意，他們是飄洋過海的外省人，和當年軍艦上「相同」的外省人。

外省人綽號「老芋仔」，芋仔是一種不需要施肥的根莖植物，扔在哪裡就長在哪裡。長相不好，烤熟吃起來卻甜甜鬆鬆，削皮時手摸著，有點發麻。滿山遍野，只要挖個洞，就可找到幾顆鬆軟芋仔。芋仔命賤，「老芋仔」型的外省人，命也薄的很。

我台中老家對面就住著一位老芋仔，煮麵一流。沒人關心他從中國大陸哪個省分來，媽媽住哪裡，好似他是石頭蹦出來的怪物。對我們這些本省家庭，外省人不是混蛋，就是可憐蛋。混蛋在台北當官，欺負台灣人；可憐蛋就在市井街道裡，擺攤賣陽春麵。老芋仔賣的陽春麵特別便宜好吃，夜市裡搭個違章建築，就可以從早賣到晚。有天門口特別熱鬧，原來娶親了，姑娘從梨山山上買來，清瘦嬌小的女子，後來生了小孩，常背著小孩站攤前燙麵。

我喜歡買他們家的滷蛋，幾次聽到他在旁邊教太太，麵擀好，放下去的時候，得立刻撈起來，再擱回去；千萬不能一次燙太久，否則湯糊了，麵也爛了。麵攤老芋仔有日不作生意了，哭嚎的聲音，穿透薄薄的夾板，凡路經夜市的人都聽見。隔壁雜貨店老闆娘轉告我們家長輩，老芋仔梨山小老婆跟人跑了，兒子也不要了，還把他長年積蓄、擺在床底下的現金全偷個精光。過了三天，老芋仔上吊自殺，孩子被送進孤兒院。上吊時，繩子掛在違章建築樑上，臉就對著後牆的蔣介石遺照。死，也要跟著蔣公。

麵攤老芋仔死後四十年台灣盛行本土運動，家鄉中國大陸危險擴軍，飛彈部署天羅地網，對著另一個家台灣。四十年前的老芋仔上吊了，其它老芋仔活下來，四十年後眼看兩個家對打。

於是台灣需要飛彈情報員，誰願意在「承平時刻」仍爲台灣死？沒有名、沒有姓、逮到被打毒針、可能接受酷刑、被剝皮，死了也進不了忠烈祠，誰賣命？薪水不過一月

五萬，到大陸路費四十萬，買一條命，誰幹？

還是那批老芋仔的兒子！還是那群當年飄洋過海的外省人！從老子到小子，一代傳一代，人生就是要報國，沒有國，哪有家？中華民國也好，本土化也好，外來政權也好，李扁當家也好。竹籬笆內的子弟，活著，永遠都要跟著「蔣公」！

被吸收的情報局人員，擔任情報工作那一刻起，眞名就消失了。人生從此只剩化名，除了軍情局簡單記錄事蹟外，出了事，家人不敢鬧、不能說。台灣人天天逍遙，十幾年來，台海平靜到人民完全感覺不了戰爭的威脅。只有這群傻外省人，老覺得國家危難，他們得前仆後繼。老的上一輩犧牲不夠，小的還得賠上一條命。有情報員家屬向我哭訴陳情，我很慚愧，也很感慨。慚愧的是，我們常覺得自己已幫國家社會做過多了，不值得；但站在你面前這群人，他們怎麼從不談值不值得呢？

他們的傻，造就了我們人人自私的空間。但令人感慨，這些外省人無論累積多少英勇事蹟，他們的命運總陷在一九四七年二二八的那一槍，他們永遠都是飄洋過海的「外省人」。五十幾年下來，八二三砲戰死的是外省人；空軍公墓前走一遭，戰死飛行員個個才二十出頭，也是外省人；爲台灣蒐集飛彈情報，保護台灣本土運動，死的也是外省人。我無法衝口說出的是，外省人爲什麼那麼笨？國家多數人並不承認他們，怎麼還願意替國家去死？

外省人啊！外省人！原罪有多深？多少付出，才能償還當年歷史的錯誤？多少前仆後繼，多少代，才能換取本省人終究的接納？

台灣的外省人無法支撐任何一個有意義的政治力量。隨著台灣民族主義崛起，只佔人口百分之十三的外省人，政黨如全然反映這群人對歷史的認識、對故鄉的鄉愁，贏不了。任何一場戰役中，外省人都得當默默的犧牲者，從戰爭到選舉，他們不能大聲說出母親的名字，不能哭嚎他們的鄉愁。他們的一切都是錯，生的時候錯，死的時候錯；爲國家錯，不爲國家也錯！

西元一八九四年，一位猶太裔的法國陸軍軍官德雷福（Dreyfus），被控出賣法國陸軍情報給德國，軍事祕密法庭裁判叛國罪，德雷福遭流放外島。這是法國近代史上轟動一時的德雷福事件。整個事件後來被證實是假的、捏造的，它可以成立只有一個前提——這位陸軍上尉德雷福是猶太人，不是正統法國人，他是法國的「外省人」。在當時舉國面臨共同敵人德國情況下，法國德雷福身上的猶太血統成了祭品，目的是撫慰普法戰爭中嚴重受創的法國人心。其後法國社會分成兩個陣營，雙方在報刊上相互攻擊，在議會中進行政治鬥爭，在街頭上發起群眾運動。

事件在小說家左拉發表的著名文章《我控訴》後，達到最高潮。

最後我控訴第一次軍事法庭，他違反法律……，我控訴第二次軍事法庭，他奉命掩飾……不法行爲，判一個無罪的人有罪……，我的激烈抗議只是從我靈魂中發出的吶喊，若膽敢傳喚我上法庭，讓他們這樣做吧，讓審訊在光天化日舉行！

我在等待。

——左拉，《我控訴》

一百多年來，德雷福事件在每個社會中上演著，這是左拉在《我控訴》文章中最後的預言。

民族主義者並不關心案件的法律細節、人身生命權，他們只關心事件給自己的信仰帶來的好處。「德雷福」的影子，如今被流放到台灣。

左拉死後一百年，二二八那一槍後五十七年，我們本省人，該輕輕自問一句了：外省人，是不是有權力活下去的人？

二〇〇四、一、五

# 雨夜餘花

第一次見到周明，一九八七年，美國聖荷西文史學家陳芳明的家。上一回見他時，周明已約莫七十，頭髮霜白一半。他人生兩次出海，都爲二二八。上一回四十年前二二八後半個月，他從台灣坐船逃離至香港；這一次，他爲「『二二八』四十週年紀念會」赴美。

周明不是本名，原名古瑞雲，台中縣東勢人。二十一歲小伙子，愛談時政，從小就和朋友何集淮等人天天聚一塊兒。

二二八之前，何集淮、周明等人學著和謝雪紅一起研讀共產主義。二二八事件一發生，年輕人沒想太多，初始便和他們心中崇拜的歐巴桑謝雪紅於台中人民大會堂，成立二七部隊，一起對抗腐敗的陳儀政府。

台灣史上唯一的一次革命，領導人，女的，謝雪紅，跟隨她的幾個年輕人，包括周明，才二十來歲。蔣介石派二十一師至基隆港口，開始全島「清鄉」，展開全面國家屠殺，周明與謝雪紅等人，才乘著漁船逃離台灣。

那是周明第一次看到大海。台灣的冬季末期，黑水溝沒有比他祖先渡海時來得平靜。周明回憶，逃離時他沒有特別多看台灣一眼，以爲沒多久就回來了。從此二十一歲的小伙子，離鄉、離父母，一生斷了，逃到中國大陸，從華北地區的延安，加入中國共產黨。爲了不連累家人，從此改名，不叫古瑞雲，改叫周明，人生至此名字換了，什麼都換了。

逃至中國大陸，好不容易等到共產黨建國，周明等人沒享幾年革命先烈清福，反右，他們被鬥；文化大革命他們更逃不了。台灣人的小圈子裡，鬥爭慘烈，彼此出賣，那一段往事，已經很難啓齒了。

《人民日報》記載，台灣人民眼中的女英雄謝雪紅，逃到中國大陸，曾經有過一段相當禮遇的日子。謝雪紅現在要還活著，已一百多歲了。她一生傳奇的故事，若從其勇，從其智慧，從其突破，宋美齡不及她。可人類歷史向來屬於貴族，從來不屬於反抗的英雄，更不要說反抗的英「雌」。

文化大革命末期，紅衛兵拖謝雪紅遊街示眾。紅衛兵逼著她下跪，要她前額貼地，幾次按下，終於逼謝雪紅倒了。高興的紅衛兵們拍著手，直嚷：「永不低頭的謝雪紅，終於低頭了。」至於周明及他的兄弟們，紛紛被開除黨籍、下放、甚至列爲政治犯。其中何集淮，最後被逼得送至黑龍江勞改。糧票捨不得用，每天只吃幾口雜糧，就攢著寄回去給留在家裡的孩子。每年回家和妻兒們小聚一次，爲了省錢，搭車加走路，總要花個三、五天才能抵達。政治犯的生涯，何集淮起先還反抗，境遇也一次比一次壞，後來到底苦命能磨人，每年回一次家，末了見著兒女點綴晚景，也算滿足了。

何集淮晚年肺癆成疾，第一次吐血以爲死了，送進太平間，蓋上白布半夜醒來，嚇得從窗格逃出來。大病初癒後，喝了幾杯酒，何集淮醉了幾分，對周明說：「我們兩人誰要先死，誰就把另外一人的骨灰帶回台中！」說完氣氛有點僵硬，周明一時不知怎麼辦，兩個老人有點悵然，「人生就只剩走這麼一項歸根嗎？」

幾十年來，終至一無所有。兩岸政治怎麼拚，沒有容得下他們的點。終至一無所有，年輕時想不到的事情終而發生了，終而結束了，也終而過去了。何集淮想了，兩個大男人搞革命，總不成到後來只剩哭，於是忽兒笑了。歷史無情，人至少有情，骨灰要回家。

過了半年，何集淮第二次吐血，才眞正死了，走了。

在陳芳明家，周明說著何集淮的故事，抓著我的手大哭，因爲故事中的何集淮是我的七叔公。我起先和他一起哭，安靜時走到擱在一旁的鋼琴彈著《雨夜花》，周明哭得更深了，不能自已。半世紀、一輩子，所有斷了線的人生，在琴聲中全接起來。《雨夜花》一個又一個音符，一字又一字歌詞，人生全回來了。周明繼續嚎聲大哭，哭了近一個時辰，音符雖只幾個音階，但人生卻有跨不完的難路。

後來我送周明到舊金山機場，他登上中國民航，我看了心痛。他是台灣人哪，他要回台灣，但台灣早已忘了他。他沒了台灣護照，他改了一個台灣戶籍上不存在的名字。在台灣官方人口列管裡，他失蹤了，家人已報死。坐著中國民航，周明返回中國大陸。名改了，人生也改了，二二八，再也回不去了！

幾年後，女兒嫁人至關島，周明轉赴那裡依親。再隔幾年，依台灣法律，他以大陸人士已在海外居住五年以上之法律規定，回到了他的故鄉台中。他跑到戶政事務所，顫抖著告訴承辦的小伙子：「我不是大陸人士，本名叫古瑞雲，我是台中縣東勢人。」小伙子和他爭執：「你是大陸人士依親回台啊！」爭了幾回，周明吼過、哭過、氣結過，後來他算了，畢竟那麼多年了，年輕時爲它放棄一切的家鄉，如何可能記得他呢？他所懷念的台灣，已忘了他。時代的恨，時代的債，沒人還得了他。

我最後一次和他聯繫，只知道他家族能照顧他的，很有限。沒有財產，依著一些簡單身分，他每個月領取五千元，等同三級貧戶的津貼。《白色恐怖補償條例》在立法院通過，他依法不可補償，因爲依我們的法律，他必須是無辜的，但他卻是位英勇的反抗者，一個帶領民眾起來對抗暴政的先驅。所以至今即使陳水扁上台，他並不適用《白色恐怖補償條例》，從台灣法律角度，他罪有應得。

周明在哪裡？這幾天我頻著找他，才知道他已於兩年前吐血亡故。

在台灣，一半活著像我母親何家的後代，永遠記得二二八；一半活著像一般的台灣人，忘了二二八。而我時而憶起二二八，時而忘掉二二八。

研究國家屠殺的人曾經提到，國家可以製造鮮血，國家也懂得利用鮮血。人民的血，永遠都是通往權力的路；人民的青春，永遠都是權力者的台階。我們現在談二二八的人，幾乎都不是當年二二八的犧牲者，他們多半是利用二二八悲劇的收割者。二〇〇四大選二二八像長城般，蔓延成選舉人牆，沿海拉成一條直線。其中，有個點何集淮、周明二十一歲坐船從那裡逃離。站在那個點上的民眾，不會記得何集淮，只會高喊「陳水扁」當選。我的叔公骨灰已回台中，今年二二八，誰去那裡告訴台灣人民，二二八毀

了他的一生？

何集淮後來娶了大陸妻子，住在上海。他的小孩，曾是黑五類後代，一輩子在中國大陸沒受好的教育。直到我舅舅到大陸設廠，他們生活才有了起碼的出路溫飽。近日他兒子帶著孫子，想到澳洲接受更好教育。太有理想的上一代，只好延續必須現實的下一代。時代總是不斷重演著相同的宿命，理想者永遠是犧牲者，收割者永遠都是熟悉、並且懂得品嚐人民鮮血的人。

二二八在基隆港口、台北大稻埕、台中人民大會堂、嘉義火車站、高雄壽山，嗚咽的島嶼、嗚咽的歷史，對某些人而言，永遠回不去，也永遠要不回。只有與二二八無關的人，可以不斷地品嚐二二八。二二八究竟該屬於誰？無辜被殺的人民？丟在亂葬崗的人？付出一生代價的革命烈士？還是現在仍不斷使用圖騰的當代政客？

二二八是誰的？歷史的爭論在空中飄搖。但無論怎麼飄呀搖，歷史的眼睛決不會望向周明，望向我的七叔公何集淮一眼。

二〇〇四、二、二

# 施明德與趙少康

飄啊飄，選舉最終還是走到族群這一步。五十年從跨不過的鴻溝，無論島嶼上發生多少事件，族群，永遠是選舉唯一且最清楚的選擇。

我想講兩個故事，一個施明德，另一個趙少康的故事。

趙少康已退隱政治，他是位渾然天才型的政治動物。今日檯面上的政治領袖，比起他的群眾煽動力，坦白說，都不是個料。就其聰明，就其行政領導能力，就其群眾煽動力，就其對政策研究的深入，和他同一時間踏入政壇的陳水扁，也不是對手。但是趙少康是外省人，他天生注定要失敗。

老趙有次跟我同車，經過新生高架橋，他回憶：「這一段啊，過去貪贓枉法，總有一天會突然往下塌斷，我不知道這幾年還有沒有維修。」他又指著路上隔開雙向車道的安全島：「這是當年我當台北市議會工務小組召集人，逼迫他們加建的。新生高架橋蓋得很差，官商勾結，車子開過去，轉彎速度極容易抓不穩，一個不小心就會衝到對面車道與來車相撞，死了很多人。逼他們再加建個安全島。」

趙少康有時也感嘆，當市議員時，可以幫助老百姓做很多事；當立委，偏重政策面，似乎透露著自己不能再幫一般民眾，覺得遺憾。趙先生當年做台北市議員，沒計較免於被車撞死的是本省人，還是外省人。可是他選舉，不論聲勢多大，投他票的，終究是外省人，本省人就是不投。台北市長落選後，他決定急流勇退，新黨支持者不捨、甚至責怪他，但趙先生有個無法說出的秘密：「因爲他是外省人」。當他聲望最高的時候選不上市長，將來也永遠選不上，因爲他是外省人。

宋楚瑜二千年落選時，只差了陳水扁三十萬票，大家還看好他。很多人惋惜，但也相信老宋還有未來。只有趙少康力排眾議，他用過去的經驗推估，老宋只會每下愈況，他最高峰的時候都選不上，未來只會更慘。

二○○四大選，中南部發酵著：「台灣人選台灣人！」宋楚瑜無論如何低調，親民黨無論如何拚了，國民黨部分人士想鬥他藉機抓權，只消憑幾位「本土派」立委幾句話就可以輕易傷他。這些立委也不管自己什麼黑金形象，都能指著宋楚瑜：「外省人把中南部的票趕跑了！」宋楚瑜與他的親民黨，只能忍住心裡的悶氣，當個忍者龜，繼續拚。趙少康評論，還好老宋這次同意連宋配，選的是副總統，否則他的下場會更慘。

施明德則是另一個極端的例子。爲了主張大和解，他心疼台灣的族群衝突，不忍心看到本省人對外省人的報復，於是以坐牢者的英雄氣概主張大和解。他受辱，被罵台奸，被丟雞蛋，在民進黨內垮台。二十五年的坐牢歲月，比不上他的主張大和解三個字。他不只神主牌沒有了，還被掛上個妖魔牌。本省人對他恨啊恨的，民進黨的支持者也恨啊恨的，這位台獨老英雄被逼著流淚離開，離開了他這一生用青春、生命與家庭一切所換來的政黨。

兩年半前的立法委員選舉，施明德與我一起以無黨籍身分聯合競選。有一天他到榮總跟一群老兵拜票，老兵們對他豎大拇指，施明德高興地與他們一一握手，其中一位老兵脫口：「唉！可惜你是本省人，我們不能投票給你！我們外省人還是投我們外省人！」當天晚上，施明德轉述，眼角泛著淚光，比他主張大和解被罵台奸時，還要沮喪。施明德民調很高，親民黨有人發黑函，「施明德，票已太高，投給他對親民黨零意義，親民黨投親民黨。」施果然落選了，因爲民進黨不投他，親民黨也不投。

我和施明德都是所謂「正港的台灣人」，或許只是我們內心裡頭一種純然的善良與不捨，使我們無法對流著血液、發自然聲的人，沒冤沒仇當恨的對象。這幾年，離開民進黨後，我常常想，我到底是什麼人？我站在綠軍這邊，罵他們整天搞族群意識；我站到藍軍那裡，罵他們某些幹部充滿外省意識，不了解二二八對台灣人的痛。

民進黨二二八辦手牽手，藍軍辦心連心，可是藍軍主其事的幹部卻說：「我們願意族群和解，可是對二二八不願意配合。」我衝口沒有說出來的：「你啊，這個外省人，你害死了國民黨，也害死了外省人，害死了想要族群和解的人。你完全不理解本省人的痛苦與過去的傷害，又如何希望本省人回過頭來了解如今外省人的處境與卑微？」

在立法院，我也時常活在錯亂中，例如質詢台灣文學館。台灣文學當然是個被壓抑的文學，諸如楊逵、吳濁流，我要年輕助理們寫下這些名字時，助理不論本省或外省，連寫都不會寫。這些台灣人的子弟，活在島嶼上，不知台灣的歷史，不念台灣的文學，要他們把「賴和」兩個中文字寫對，恐怕一千人中不到一個。台灣人當然要一個我們自己的文學館，有什麼理由我們只知道李白，知道白居易，知道沈從文，知道張愛玲，甚至知道魯迅，而不認識楊逵與鍾理和。

文建會不願將台灣文學館的組織條例草案送立法院，於是台灣文學館成了黑機關。一百餘年了，從台灣有第一本文學迄今，我們需要一個台灣人自己的文學館。民進黨的邏輯，法令可以不用管，組織條例草案可以不用送，反正就要個台灣文學館。少數外省籍的立法委員大罵黑機關，有沒有道理，有；但他們同時忽略了，所謂「台灣的文學」正是他們的上一代、他們的父執輩所壓抑與對不起的文學。他們欠台灣文學一個情與一個理，補償都來不及，站在議事台上大聲抨擊，理不直氣也不壯。

照著鏡子，寫著文章，我常常覺得自己彷彿正常彷彿不正常。像一場必然的詛咒，總統民選一次又一次，陳水扁上台四年，經濟垮了，受害的是台灣人；教改搞砸的下一代，是台灣人；違法亂紀，倒楣的是台灣人；貪污腐敗，可憐的是台灣人；但一旦罵起陳水扁夫人股票內線交易，還是台灣人選台灣人；下屬陳哲男搶奪民間百貨公司，還是台灣人選台灣人。台灣人三個字，曾包含多少痛與多少悲情，如今又想包庇多少罪惡？

誰告訴我們社會實話，外省人佔台灣人口百分之十三，過去半世紀以來，外省人活躍於台灣的政經文學領域，他們是台灣的資產，不是台灣的負債；誰告訴外省菁英實話，他們只是台灣的一部分，不是台灣的全部？

由侯孝賢導演所領導的族群平等聯盟嘗試在大選中，化解族群意識的幽魂。可是身為族群運動不同時期中受不同苦的我，很清楚地知道，族群的本質是一種宗教運動，無論是本省的、外省的。而族群的和解，也必須是另外一種宗教運動。它很難是少數文化人偶爾的呼籲，試圖平衡的批評。畢竟連一個坐牢二十五年的人都無法正當化自己族群平等的語言，得國際影展獎的幾位文化人，又怎能對抗這縷族群意識的幽魂？

二〇〇四大選，最終的裁判仍端賴相信「台灣人投台灣人」的有多少？佔多高選舉人口的比例？所謂「台灣人」在台灣是否只被簡化地等同於「講福佬話的陳水扁」？

福佬沙文主義終究成了這次總統大選，最後且唯一強而有力的符號，台灣已失去公義。經濟、文化、社會、科學等不同領域卓越表現的外省同胞，只好陸續被迫移民。畢竟誰也無法活在一個不認同他們的國家，誰也無法活在一個沒有公義、沒有愛、沒有未來的國家。二次大戰前德國的排猶運動，日耳曼民族佔多數，殺猶太人很容易，但是殺完了之後呢？德國境內所有重要的人才，尤其猶太後裔，逃到美國，逃到英國，德國至少倒退了五十年。

這就是我們追尋的台灣人意識嗎？

二〇〇四、三、九

# 看他崛起，看他殞落

同一個人，兩個截然不同的命運。

權力是赤裸的，至少展現在宋楚瑜的一生。李敖曾用一句難聽的話形容一九九九年後的宋楚瑜，「妓女從良」；從那一刻起，大內高手蛻變成擁抱理想的政治人物；但權力是赤裸的，當宋楚瑜選擇衝撞體制後，他的命運就和權力愈走愈遠。每個步驟、每個選擇，一步步支解他的權力王國；理想的召喚，並沒有給宋楚瑜帶來權力的回饋。

從大歷史的角度而言，一九九九年宋楚瑜退出國民黨，等於正式結束了台灣歷史上一黨獨大的局面，他爲台灣塑造一個全新的政治環境。只是最後的勝利，並不屬於他；在國民黨領導者的背叛、隨從者的出賣下，他和那古老的體制都共同滅亡了。

如今大家看宋楚瑜，覺得他老了、變了、光彩不再了。我最近重新閱讀夏珍寫的

《宋楚瑜中興紀事》，他爲了關心嘉義採菱角農人的採收，坐一艘小船，一腳踏進污泥，淚流滿面；他爲了土石流跑到南投，找民進黨省議員林宗男，磨蹭一整天；他爲了統籌分配稅款，對著中央大吼大叫。認識宋楚瑜很久的人，知道他的個性；總在關鍵時刻過度樂觀，遇到實際的困境卻嘮叨沒完、猶豫不決；要遇到有人打壓，一秒鐘也不停留，吼到十里外。新聞局副局長任內，他對退出聯合國的發言，使他搶盡了局長的鋒頭；國民黨副秘書長時，臨門一腳拱上李登輝，更爲他名留歷史。但眞正讓宋楚瑜與眾不同的還是離開台北後的宋省長，婆婆媽媽宋楚瑜、瑣瑣碎碎宋楚瑜、纖纖細細宋楚瑜、嘮嘮叨叨宋楚瑜誕生了，支持度從原來的53%一躍爲75%，兩個月內更陡升至80%，緊逼李登輝，超越當今馬英九。

亦步亦趨的宋楚瑜保證了他前半生仕途的順暢，但決定走自己路的宋楚瑜，卻註定孤雁身影。初飛時，大雁翅膀還硬朗著，幾年下來，孤雁漸漸衰老，如今對抗哪怕是弱敗的黨國體制，都顯得蒼涼。

曾有省議員質詢，宋楚瑜每天開口閉口蔣經國，整天念念不忘一個已經死掉許久的人，不是很奇怪嗎？宋楚瑜坦承他深受蔣經國主義的影響，他曾經激動地說：「我就是在乎每一棵樹、每一條路，難道這樣有錯嗎？」當時，他手中有一份台灣三〇九鄉鎮的地圖，李登輝嘲笑他散財童子，罵他統籌分配稅款到處給人恩典，宋楚瑜的感受不同。他是蔣經國主義的信奉者，只要體現老百姓的需要、照顧他們的生活、改善他們五十年不能解決的水患、造一條馬路讓小朋友能快樂上學，宋楚瑜期盼，他這個外省人，會如當年蔣經國般讓台灣人張開手臂，雙手擁抱。

可惜宋楚瑜不是蔣經國，他生不逢父也生不逢時。蔣經國沒有功高震主的問題，他的血緣保證了一路扶搖直上，他是一個被有計畫栽培的接班人，他的領導者是他的爸爸，他們之間的血緣代表著權力的延續。

宋楚瑜沒有這樣的爸爸，他和李登輝雖說「情同父子」，畢竟只是某種利害關係下的暫時產物。他終究不是李登輝的親兒子，當他學蔣經國走遍台灣每一個鄉鎮角落，初期李登輝滿意地看著他的表現；當他學著台語、客語、原住民話，走進原本不熟悉的台灣鄉下時，李登輝給予掌聲；但當民調支持度一次又一次陡然爬升漸漸超過李登輝時，父子關係就結束了。宋楚瑜終究不是李登輝的兒子，他做不了蔣經國，他做得愈好，和體制的衝撞就愈大，他所面對權力的赤裸性就愈高。

宋楚瑜最該飲恨的，還是他生不逢時。他崛起於一個高談本土及省籍的時代，宋楚瑜沒認清的是這個曾被他悄悄撐起的時代，外省人已被斷絕再當選總統的機會。他沒有從社會的結構預言自己的未來，他以爲自己是例外的，他以爲他和李登輝的關係是不可分割的。他不知道當他和李登輝聯手趕走趙少康、李煥、郝柏村、俞國華等人時，其實已經預言了他權力的脆弱性。他生不逢時，他比蔣經國晚生的這三十年，已足以阻擋任何一個外省政治明星擷取大位，這是一個結構，牢不可破惡靈般的結構。

宋楚瑜像一隻衰老的孤雁，至今仍在空中孤獨地飛著，同情他的人看著他的難堪；不同情他的人，希望他趕快找個洞穴，自己埋葬了。曾在省政總質詢的時候，宋楚瑜引用《雙城記》狄更斯的話勉勵自己：「這是最壞的時代，也是最好的時代。」在省政府年代時，他總想辦法跨越黨派，民進黨及無黨籍的省議員都成了他主要交往的對象。他最津津樂道，話匣子一打開就說個不停之事，就是與謝三升的故事。謝三升曾托他治理水庫，宋楚瑜認眞的當一回事，每星期省政會報，緊迫盯人，還派個幕僚每個月都召開跨部門會議。當事情辦完，謝三升已因肝癌辭世，宋楚瑜帶著他一手完成的工作報告，至謝三升靈堂祭拜，人不在，情還在。

宋楚瑜的省府團隊，大概是這樣打拚出來的。他們有一個外界難以想像的共同信念，這些省府團隊及若干省議員，跟著宋楚瑜上山下海，走遍台灣每個角落。當他們選擇和宋楚瑜一起離開國民黨時，有一種民眾不了解的悲情，直至今日。他們有如生在古代日本武士們，士可殺不可辱，當敵軍侵襲之前，寧可坐在山腳下，頭綁著白布，武士們繫上榮耀的腰帶，集體學三島由紀夫切腹自殺。

如今大老對宋楚瑜指指點點，大環境也對他指指點點；不同的是大老要他進，大環境卻要他退。他的故事有點像邱吉爾，二次大戰後英國人厭煩了邱吉爾式的風格，內心雖知邱吉爾是偉大的領袖，但有種說不出的理由，就是要他走。

老臉孔總是令人生厭。宋楚瑜最近常悲憤的問人，「我做錯了什麼事？要遭受今天的待遇，被天天污衊？」沒人說得上來。

大老們對宋楚瑜的指指點點卻完全是另外一回事。大老要他不准走，而且要他進國民黨。說穿了，大老看重的是以前宋楚瑜大內高手的本事。現在和宋楚瑜衝突的大老們，氣宋楚瑜反反覆覆，可是這番氣，來自於他們對宋楚瑜的特殊期待。大老不願說明白，馬英九太軟弱，王金平不可靠，連戰無法撐大局，只有宋楚瑜回國民黨才能實踐他們的民族大業。簡單講只有宋楚瑜回國民黨，連宋合手才有能力把泛藍這塊餅好好拼湊起來阻擋民進黨的台獨路線。大老們不要兩岸開戰，和與戰中間，台灣泛藍民眾也逼著宋楚瑜不論多少屈辱、踐踏，必須回國民黨去。外在環境逼他退，內在大老逼他進，基層也要他以身殉國，這就是宋楚瑜今天的淒涼處境。

我在一旁觀察宋楚瑜對國親併的態度，憤怒、抱怨、反覆是一回事，宋楚瑜已經不是當年的宋楚瑜，他不是大內高手的宋楚瑜。在省長的過程、在脫黨的過程、在另立親民黨的過程，他已蛻變成新的宋楚瑜，愛流淚、想擁抱民眾、要親吻土地。那樣一個宋楚瑜已經沒有能力在一個複雜的小奸小惡的古老黨國體制裡，玩他大內高手的遊戲。相對過去，他是較善良的，也是害怕的，他沒有任何把握可以打贏，可以對抗國民黨內吞噬他的力量。當時飛離古老黨國體制的孤雁，已經既老又弱，大老們對他的期待，泛藍群眾對他的仰望，在宋楚瑜的內心裡都只是一種苛責。他並沒有足夠的信心，再重回那樣複雜的權力處境中，爲自己爲民族大業再殺出一條血路，他不能也辦不到。

選後宋楚瑜曾離開台灣一個多月，那一個多月時間內，親民黨在高雄市全面潰敗。我不知道宋楚瑜在美國做什麼，只想像曾經聽過的某些傳說，宋楚瑜的靈魂裡頭有一種聲音在召喚他：脫離吧！在加州沒有人認得他的地方，他獲得了自由，戴上墨鏡，開著跑車，以飛快的速度馳騁，脫困不了的宋楚瑜，至少在那一刻是奔馳自由的。

這就是歷史，對待政治人物，看似有情，卻是很無情。

二〇〇四、十、四

# 家在何方？

沈富雄反愛台操弄說同一時間，哈瑪斯基精神領袖遭以色列射殺。上萬人參與葬禮，觸摸他滿佈血跡的身體，誓言以回教徒最高儀式，血債血還。這是一條無止盡的仇恨之路。

中東的和解歷史走得比我們悲情，也比我們血腥。一九九五年，以色列的前總理拉賓與裴瑞茲、巴勒斯坦解放組織領袖阿拉法特三人同獲諾貝爾和平獎，那一刻世界眞相信中東走上和解之路。

一九九四年以巴和談，拉賓和阿拉法特握手了；但一場牽動多少悲情、多少血淚的悲劇，無法握手，無法終止。

新中東計劃得了諾貝爾和平獎，鼓舞了地球另一端的施明德。一九九五年十二月，

他以民進黨主席身分與新黨趙少康、周荃等人握手宣佈「走向大和解時代」。施明德與新黨和解當晚，我於和平東路一家有點時髦的夜店「墳場」和朋友聊天。人們對我豎大拇指，你們眞了不起，一九九四、就在一年前台北市長選舉，滿街黃色趙少康支持者和綠色陳水扁支持者，簡直就在街的這一頭和那一尾要打起來了，城市眼看要分裂了；居然才不到一年的時間，世界已變了。

但仇恨容易，和平難。十年來，歷史開了「新中東」一個大玩笑。中東流的血，比諾貝爾和平獎頒佈前還多。九一一爆發、攻打伊拉克、以色列激進派夏隆當權、溫和派拉賓落得被暗殺死了的結局、副總理裴瑞茲競選連任也落選。血債血還啊！我看到了我的血，要你來還；你也看到了你的血，也非要我的血來還。沒有止境的仇恨！諾貝爾頒獎典禮上裴瑞茲有這麼一段話；我們忙著互相砍殺對方，我們已不認識對方，甚至不認識自己。

回看台灣，我們不也經歷一個歷史的大玩笑嗎？十年來綠軍唯一的差別只在沒有一個重要的政治領袖，擁有施明德的地位，可以爲了夢想提出大和解主張。施明德的例子證明這是一種政治自殺。沈富雄沒有黨主席的位階，講話本來快人快語，說完了也沒有實質的政治行動。他遭受的攻擊不及當年的施明德，但也足以告訴下一個民進黨大老或小朋友們，不只施明德不能copy，沈富雄也不能。

我曾說沈富雄談話太遲了。對民進黨而言，族群政治不但沒有因此讓它受傷，反而成功。嗜血本來就是動物的本性，如果嗜血可以不斷的贏，怎麼不嗜血呢？當民進黨取得二〇〇四總統位置時，無論它是靠兩顆目前沒有眞相的子彈，還是槍擊案後的政府操弄，族群政治都幫民進黨打了一場光榮戰役。我說太遲，指勝利者不可能反省自己致勝的卑劣策略。

李永萍的爸爸，空軍，開飛機。十八歲離開大陸，投入台灣國軍。她的祖父因著兒子角色，文革時廣東斬首示眾。她的祖母看到丈夫如此慘死，也跟著家中仰藥自盡。李永萍爲他的父親哭，下一代不想住台灣可以走；但她的父親，台灣老了他一輩子，年輕時不僅冒自己的命，還得殺了父親的頭、賣了母親的命，才換來這個國，怎麼丟？她的父親去哪裡再找一個國？再找一個家？年輕人幻滅容易，人生嘛，三十、四十重新換個地方打拚也行；但老了一輩子的爸爸，無論付出多少人生，三個字「外省人」，就打得他一家三口死了都不值得。

洪秀柱是另外一個例子。她的父親已過世，曾是白色恐怖受難者。一九九二年，國會全面改選，這位政治犯後代、家裡一貧如洗的外省人第二代，驚異地當選立法委員。

秀柱常感慨小時候從未想過，這樣出身的人可以當立委。第一次總質詢，她獻給死去的父親。拿著一紙判決書，後頭好幾個名字，洪秀柱在國會殿堂哭著告訴大家，這位姓洪的政治犯，「就是我的父親」。當天質詢完畢，她一輩子沒燒東西給爸爸，當上了立委，在天之靈該驕傲吧。一九九三年二二八，在善導寺她把質詢稿與判決書都燒了，祭亡父在天之靈。洪秀柱想用自己悲慘的故事讓所有全台灣不同的族群聽到，外省人也有外省人的悲情，他們大多不是權貴，有的也曾爲台灣坐牢。

過去我們看歷史，常常看不到個人的苦，我們總以爲集體的痛才值得關切。但是民主政治與人性政治不斷地提醒我們，某些人雖是少數，他們的痛、他們的苦、他們生存的必要性，還是值得疼惜。一九九五年，施明德提大和解，台灣沒有跨過，民進黨不接受。九年後二〇〇四年，當年趙少康與陳水扁的支持者在街頭對峙的狀況不僅重演，還滿佈全島。

不只國內撕裂，國外也要彼此恨個夠。前個週末我到香港，一家店裡頭，有來自各地不同的遊客，有當地人，有台灣來的買客。有人認得我，有些人則不特別理。幾個女孩子打招呼要簽名之外，倒有一位婦人，一身珠光寶氣，斜眼狠狠瞪著我。她兩眼直把我從頭到腳看得夠，眼光比刀還銳利，「好想把妳殺了多好」。裴瑞茲說的那段話：我們已經互相廝殺太多年，不認識對方，也不認識自己。在同一個島嶼上，我們恨彼此，恨到出了國還恨。

這十年來，台灣內部的族群關係，並沒有因爲民主政治的發展找到體制內的妥協點。民主，無法幫助台灣在既有的政治體制中找尋恨的化解方式，反而一次又一次慘遭族群政治綁架。這個國家早已不是一體了，這頭的人當選，那頭的人覺得要亡國了；那頭人若當選，這邊又何嘗不是？巴勒斯坦與以色列雖彼此仇恨，但總是兩個國的衝突。我們卻在一個國、一個家內，非鬧到你死我活不可。民主政治在台灣帶來一定的自由，言論的自由、辱罵的自由，但也帶來了恨的自由。在肆無忌憚的恨中，有一群人凝聚了他們的共同意志，另一群人則深深的慘遭傷害。

當台灣邁不出族群政治的困境時，台灣就邁不出民主的困境，也邁不出兩岸關係的困境。族群政治與兩岸變成一個不斷兩難的互動過程，族群政治越崛起時，兩岸關係就愈低潮，彼此反向發展。回顧一九九二年，辜汪會談彷若上一個世紀。今天在台灣誰敢主張辜汪會談？誰敢主張一中各表？或各表一中？

有人問我，家在哪裡？未來怎麼辦？現在紛擾的兩岸、族群政治，總有放下的一天吧？我相信總有那麼一天，只是不知得等多久？十年之後？還是二十年後？歷史悲劇，

總是無法停止。或許等到那一日來臨時，我們的「大家庭」才終於有能力反省當代的我們，曾犯下的大錯。

二〇〇四、四、二十

# 他沒死

他沒死，沈富雄沒死，就是不能再選市長了。

沈富雄看起來權力危機重重，因爲他不能體恤上意，不是嫡系部隊；他個人風格太強，一山容不了二虎，總統已是隻老虎，副總統半隻，他何德又何能去扮另外一隻？

皇恩浩蕩，風水輪流轉，號稱內部民主的民進黨，已終成一人政黨。沈富雄拂扁權力鬍鬚，又不願替說謊的夫人背書，眞理與誠實都不是台灣判斷政治的終極價值，忠誠才是，沈當然得死。

但沈富雄沒死，他至今甘於當個陽春立委，因爲留在黨內固然一無所有，出去又何嘗不是？他留下來，不能往上爬，出走又哪有更寬廣的路？於是他選擇當半個唐吉訶德，早上抗扁當烈士，晚上當效黨烈女。他的政治良心與固執，使他不得不時向內部放炮；但僅存的忠誠，讓他放炮之餘，又往往自動熄火。他像一場煙火，升空時燦爛華麗，嘆爲觀止，但是就那麼一剎那，煙火又已成往事。

他活得很辛苦，不過撐得也太短。短短四個月，對黨「愛台灣」的檢討，已承認敗下陣來，放棄了，「不再奮起」。「愛台灣」的帽子壓得全台民主的聲音喘不過氣來，沈富雄不是唯一對抗之人，也不是唯一粉身碎骨之人。

沈富雄現象顯示台灣的反對派已無能制止民進黨狂奪型的愛國獨裁主義，於是人們期待泛綠內部的反省力量；結果沈富雄因此成了眾所矚目的英雄，人們給他掌聲，背後代表多少唏噓、多少悲嘆、多少無奈、多少移情。

結果四個月，「英雄」敗下陣來，聰明如沈富雄也跟著「台灣」這個母親一起受傷了。

沈富雄聲望愈高，阿扁愈恨他。他的批判聲愈長嘯，他將來的黨內敵人愈多。兩年後，他的市長夢已終究無緣，畢竟台灣沒有一個欠缺黨派支持的候選人，足以當選台北市長以上的大位。台灣要人格者，但那是假的，他們要的是在自己的黨內，有能力擴展選票的形象者；人格不是用做的，是用演的。

於是沈富雄該死而沒死了，他沒有宣布任何一個「嚇死人」的答案，卻宣布了一堆

「氣死扁」的聲明。他讓自己在黨內的政治地位再延長兩年，二〇〇六他的處境最好就是羅文嘉的競選總幹事，正如當年謝長廷。

沈富雄「不再奮起」的記者會爲我們演出了一場沒有悲傷氣息的告別式，他告別的不是自己，不是政治前途，不是台灣，不是母親，而是他從政時終極堅信的某種價值，善良與誠實。他告別了，從此拋棄了這些「虛妄」的道德，這些只會給務實的權力帶來悲劇的道德。

陳芳明說的好，沈富雄沒變，其他的人心變了。只是此後，沈富雄也得加入「心變」的行列，在政治的路途中，我們又謀殺了一位理想主義者。

二〇〇四、八、二十

# 最後的悲劇

台灣已進入動盪的年代。

二○○四選舉，意外引爆了早就存於政治社會底層的族群政治；它談的是血緣身分；它的力量源自排他與仇恨動員，非爭個你死我活，無法終結。

一九九五年，記得我剛回台，提出民進黨轉型論述。我的論述分爲三個層次：第一、重新調整台獨定義，因此施明德主張「民進黨執政不必也不會宣布台獨」，國號中華民國，台灣早已是主權獨立的國家。第二、國內族群必須大和解，經歷國會全面改選及總統民選，台灣的本地人已取得國家多數政治及經濟資源，民進黨應和國民黨進行同一體制下的政黨競爭，而非革命式的政黨對抗。第三、公共政策應該成爲民進黨論述的主題，因此爲了爭取婦女票，首重托育政策；爲了爭取年輕票，募兵制及十八歲公民權應作為主題。

還記得中山北路的某家餐廳，我邀約了幾位學者，其中一位長期研究族群政治的優秀學人反對我的主張，他相信也判斷族群還是台灣政治主導的力量。他判斷族群未來會以不同的形式，例如政黨認同等，繼續主宰台灣。吳乃仁的弟弟、著名政治學者吳乃德，則在他的論文明白指出「喪失了台獨的原始理想，民進黨將成為世俗化的政黨。」九年後，台灣族群政治果然不僅沒有遞減，反而越來越強。它透過國民黨的腐敗、民進黨的崛起、國家機器的掌控，成為更不可忽視的政治力量。五十年前的二二八事件，五十年來的兩岸分隔，五十年後國民黨與民進黨的競爭，尤其兩岸軍事對峙、經濟競爭，所有的歷史元素都像支流，最後注入族群的大海，波濤壯闊。

這場大選說是藍綠或統獨對決，不如說是族群政治與非族群政治力量的對決。藍軍所代表的外省人、多數客家人及部分本省人，約佔台灣半數人口。他們拒絕以身分認同建構政治體制；他們主張經濟優先、教改優先，反對福佬沙文主義。三二〇選戰敗了，敗的不是連宋，而是藍軍支持者本身信仰的價值。三二〇後總統府前進行的靜坐，不只是普通的社會運動，而是個人信仰幻滅的抗爭。

二〇〇四總統大選，民進黨所進行的身分認同戰，否認了不同主張者的基本生存權。他們沒有言論的自由、沒有主張的正當性，人格全被抹煞。只要與民進黨看法不同者，統統是統派，統統是認同對岸的人，通通是中共的同路人。許多人習慣用「族群撕裂」形容過去我們所經歷的政治過程，但字眼太模糊了，應該正名爲「人性撕裂」。台灣從此分成三等人：第一等人說福佬話且認同民進黨，是正港台灣人；第二等人即使說福佬話或客家話，但不認同民進黨，勉強可以活；第三等父母外省人，所謂外省第二代，他們只有第三等的公民權，做什麼都被質疑。

三一九槍擊案當晚，中南部出現一張綠底大海報，上頭印著「一號台灣人、二號中國人」，中國的「國」字還選用簡體字型「国」，等於指控連宋支持者爲賣國賊。不幸地，它卻成爲選民投票行爲的主軸。

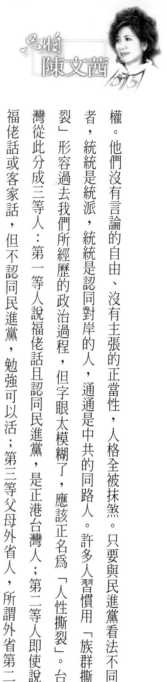

二〇〇四選戰逼迫一群人不知爲何而活。二二八之後五十七年，國家再度以非暴力的方式「屠殺」了台灣半數人民的人格。民眾對陳水扁的質疑不僅選舉不公，也質疑陳水扁政權下未來他們還有人生嗎？選後短短二十天的抗爭已高達一百萬人次，超過民進黨十年社會運動的人口總合，他們的吶喊，代表生命中沉痛的最後呼喚。

我稱三二〇之後的抗爭爲「絕望的抗爭（Protest in Despair）」。這些抗爭者找不到適切的領導者，沒有足夠的組織，也沒有同情的媒體力量，他們面對的是前所未有的統治集團。一夜過一夜，吹風又淋雨，冬末走了，初春腳步近了。春天沒有在他們的人生帶來新的枝葉，他們的抗爭從一個廣場被騙到另一個廣場，最後只得選擇與根本不是敵人的警察開打。他們是無助的，他們是絕望的，他們是一群爲了恢復人生信仰而來凱達格蘭大道的人。民進黨的身分認同戰呑噬了他們，茫茫人海，未來跟著誰走都不知道，群眾找不到方向，抗爭之前是絕望，抗爭之後還是絕望。

四一〇抗爭之後，輿論集體倒向批判廣場人們及領導群眾的政治領袖。族群政治從民進黨的版圖，邁進國民黨內部；身分認同之戰劃分了國家半數的人口，最後還要再劃分國民黨內部。大夥吶喊著，明明是權力的操弄，卻可以換取掌聲；明明是顯而易見的欺騙，卻極少人敢清楚說出來。權力之手連絕食的學生都不放過，躺在帳篷中已絕食一百多小時的學生，還要面對只來逗留五分鐘的政客羅文嘉戲耍。等陳水扁在紅樓，連ADSL都拿來當議題稀釋學生的主張時，絕望的新陣營又加入了學生。

這是一個絕望的年代。三二〇之後，一群本已瀕臨絕望的人，不放棄，坐在廣場爲人生做最後的奮戰。他們的廣場被奪走，於是剩下更少的人爲最後一點堅持坐下來。一波又一波，接受絕望的人越來越多，拒絕絕望而抗爭的人越來越少。

幾個答案。第一、我們已經離開民主承平的時代，台灣未來已沒有承平可言。民進

黨上台，一群人逼著被消滅；民進黨下台，動盪也不會結束。解嚴十八年的民主體制，除了領導者的善意之外，制度上我們留下太少的民主機制。沒有司法的獨立，沒有專業判斷及獨立的媒體，也沒有足以制衡獨裁者的國會監督憲政體制。過去十八年，我們所依賴的民主，只是領導者蔣經國、李登輝的善意。

第二、民主的追尋將是一段更長的旅程。群眾必須比領導者更快速的成長，學習如何對抗傲慢的權力者。無謂的犧牲不只無法讓權力者讓步，反而失去社會的同情。反對黨的領導者必須進行一場對自我、對其政黨更大的改造計畫。

第三、族群政治的發展，已使台灣沒有彼此尊重多元價值的妥協點。不僅外省人痛苦，連同情外省人的人都苦。它對台灣社會的撕裂不會因選舉結束而結束，只會越來越強。

第四、未來，族群將是架構台灣政治的下層結構，族群政治決定人與人的關係，決定我們對世界與許多事務的認識，更決定政黨的分野及兩岸關係。

陳水扁雖然有過半的選票，但他的合法性遠比四年前來得薄弱。半數的民眾不只不支持他、甚至不承認他。爲了確保自己權力的版圖，陳水扁必須做更權謀式的分化與掌控。立委選後他會想辦法把族群政治的版圖擴充至國民黨內，透過個別收買，分裂反對陣營，並號稱「本土派奪權」。這已是一個沒有妥協點的政治對抗，陳水扁必須逼反對力量再分裂，並且把剩下來的堅定反對者化約成外省政黨，等同於中國符號，他才能再擴充政治能量。所以族群政治不會因選舉而停止，它將是無止境的政治分化過程。

最後，為了鞏固陳水扁政權的正當性，公共政策不足以化解憤怒，更強的意識主張必須上場，正名運動將成為台灣未來唯一國政目標。從憲政到非憲政層次得正名固然反應的只是現狀，但將嚴峻地挑戰台海穩定的本質。對北京而言，乃實質台獨；對美國而言，走向兩個中國原則，既違反〈上海公報〉的一個中國原則，更違反三不政策中反對一中一台及兩個中國的明確立場。

未來兩年，我們有族群的危機，有國家內部和解的危機，有政黨不斷對決的危機，也將有兩岸戰爭的危機。歷經半世紀前的二二八族群悲劇，最後一場悲劇正等著我們。國內與國際，危機一次併發。

二〇〇四、四、十三

輯二

# 給暗殺

# 考證暗殺

如果下次二〇〇八總統大選前一天，再發生槍擊案，你會相信嗎？

歷史上暗殺重要政治人物，可區分兩類，一有強烈暗殺意圖的政治謀殺；另一醉翁之意不在酒，尤其選前數天，往往可創造無限的政治利益。歷史是一門課，這堂課最大的特徵是經驗，沒有經驗之前，多數的人很難眞正體驗事情是怎麼回事。

爲了自己的政治聲望、爲了競選，歷史上太多政治人物創造骯髒的政治陰謀。最近出自傳的美國前總統柯林頓，面臨陸文思基醜聞纏身，曾以下令攻打科索沃轉移焦點。海珊的世紀大審判，成了小布希連任的重要競選策略。尼克森第二次競選總統，想盡辦法破壞越戰巴黎和談，他知道對手民主黨選舉最大致命傷就在越戰，越戰只要無法結束，共和黨就有贏的機會。他必須全力阻止詹森總統完成越戰和談，於是派陳香梅到越南，推翻阮文紹與詹森的密約，不接受北越的條件。尼克森答應也欺騙阮文紹，承諾當選總統後將提供更多的士兵、武器、軍隊鞏固阮文紹政權，並於一年內收復河內。尼克森成功完成詭計，詹森從頭到尾雖知，卻也不說破。詹森不須爲民主黨的韓福瑞作戰，他握有尼克森叛國的小秘密，一生威脅尼克森。

這些政治領袖製造骯髒策略的時間點，往往不在剛上任時，而是權力玩得夠熟悉時。過去政治歷史顯示，權力愈大，膽子就愈大，騙得就愈狠。小布希在任期的後半，才發動對伊拉克用武；尼克森則選擇捲土重來時；這些老傢伙懂得以假事件獲取不當利益，在權力已玩得爐火純青之時，出「奇」不意。

按照《中國時報》專訪，施明德對記者何榮幸表白：「陳水扁當過總統四年，不會製造假槍擊案。」歷史正好相反，沒當過總統的，相對權力謙虛，不敢製造假槍擊案。一個人未全面當權，對權力沒有十足的把握及信心，做假怕拆穿。總統是靠不住的，當久了總統的人更靠不住。

歷史上目的爲取命的政治暗殺，多與選舉無關。美國第一位被暗殺的總統林肯，南北戰爭結束後，於劇院裡被暗殺。當時南北戰爭已結束，北方到處都是慶祝的活動。一八六五年四月十三日，正是耶穌受難日前一天，某一個可愛的春天，山茱萸正盛開，林肯一家人正準備爲和平的來臨喘一口氣，他們一起乘車出遊，晚上到福特劇院，觀賞英國著名喜劇，《我們的美國表親》（Our American Cousin）。晚上十點，林肯已坐包廂內，一名瘦高黑髮滿臉鬍鬚的男子John Wilkes Booth，走近包廂，舉起六吋長銅製手槍，對準林肯後腦開了一槍。他隨後跳上舞台，並揮手槍以拉丁文大叫，「這就是暴君的下場」。一八六五年四月十四日早上七點二十二分，林肯去世。進劇院之前，他曾交代閣員，南方正在重建，希望不要流血，戰爭過程中，用過酷刑的軍官們，不要對他們判死刑。林肯說，這個國家已經不容許報復與流血；可惜他的心雖和世界一樣大，卻容不下一個疏失的空間，在南北戰爭後，最後一灘血中，林肯死亡了。

林肯的葬禮很特別，美國將他的靈柩置於火車中，從華盛頓開往伊利諾州，倒著走回當年他從春田市往華盛頓的昔日之路。一站過一站，無數民眾追思膜拜。這是美國史上第一個被政治謀殺的領袖，經過一千七百公里的長途跋涉，超過一半美國人目睹他最後面容。詩人惠特曼曾寫道，林肯葬禮當天熊熊的火炬，如海的人潮，以及爲了林肯之死而響起的鐘聲：「我悲傷，爲了再回來的春天，感到悲傷。」

林肯死在劇院夜晚，甘迺迪則死在德州達拉斯市晴朗的白天。他的妻子賈桂琳於一九六四年述及先生，「我寧可他只是一個普通人，但現在他已成爲被暗殺的傳奇人物。」

刺殺甘迺迪當天，已有情資顯示，各方陰謀集團都想取他的性命，包括對甘迺迪處理古巴問題不滿的古巴團體、痛恨甘迺迪支持黑人民權運動的白人種族主義團體、批判甘迺迪對共產主義過於軟弱的極右派分子。

一九六三年十一月二十二日下午十二點三十分，甘迺迪的座車，駛近達拉斯廣場旁德州學術圖書庫，一名男子手握來福槍，位於圖書庫六樓隱藏之處，瞄準甘迺迪，第一槍打中喉部，第二槍打中頭部。槍擊案後半小時，美國官方宣布甘迺迪不治死亡，一個半小時之後，副總統詹森於空軍一號宣示就任美國第三十一任總統。德州州長康納利夫人事後回憶，「賈桂琳當時抱著生命垂危的丈夫，那是一種恐怖的經驗，沒有人尖叫，有的只是一片死寂。」

暗殺者奧司華被逮捕，但旋即被另一位來路不明人士槍殺。甘迺迪事件後，繼任者詹森，成立特別調查委員會，由最高法院首席檢察長華倫擔任主席，眞相調查委員會最後公布，奧司華獨自一人完成暗殺行動，背後沒有陰謀集團，這個答案至今仍存著一片疑點，成了懸疑。甘迺迪的暗殺事件，創下歷史性的紀錄。那時美國已大不同，是全世界最重要且最強盛的國家，總統倒了，電視使得美國英俊的總統成爲全球最熟悉的人物。美國所有商店、學校因此停頓，甘迺迪下葬前，大多美國人除了守著電視收看外，什麼事也不能做；即使遠在丹麥的哥本哈根，也有上萬民眾帶著鮮花前往美國大使館致哀；在西柏林，民眾入夜於黑暗窗旁，點上白色蠟燭，以示哀悼。

暗殺林肯的人，順利逃逸，後來在和警方槍戰的火災中死亡；甘迺迪的兇手則是當場被逮，旋即格斃。他們的暗殺者，都代表極端對立的政治立場。無論背後是否有陰謀集團，但他們都死了，兇手也都有名有姓。這些暗殺都在領導者執行重大的政治主張後出現，林肯與甘迺迪死亡時期的美國，在價值上都是全然分裂的國家，而且波動不安。那種波動與分裂，遠遠超過一場簡單選舉帶來的撕裂動員。在暗殺之前，國家內部的氣氛極端暴力，當他們被殺時，人們立刻想到政治陰謀，至少不會有人覺得組頭所為。

第三個被殺的例子是黑人民權領袖金恩博士，被殺日期為一九六八年四月四日，那天金恩博士獨自站在曼菲斯汽車旅館的陽台，金恩博士剛說完一句話，空氣即傳出來福槍的響聲，平板清脆。子彈穿透金恩博士的臉與腦，他立刻倒地。兇手這次也是溜掉了，兩個月後，罪犯詹姆士被官方指控為暗殺行動者。金恩博士被暗殺當晚，馬上發生暴動，美國詹森總統對這項殘忍的謀殺行動表示悲痛，要求民眾不要盲目的使用暴力。嫌犯逃逸後，美國比照暗殺林肯模式，刊登全版廣告，舉國上下誓言全面緝兇。金恩博士後來葬於他最愛的祖母身旁，墳墓上刻著黑人靈歌的句子，「終於自由了，終於自由了，感謝全能的主，我終於自由了。」

美國史上三大暗殺事件，都只打暗殺的主要目標。兇手的每一槍，都非置他們於死地不可，且只打同一人，確定他死了。李昌鈺曾整理世上暗殺的例子，總結一段不太精確的話，「世界上政治暗殺者沒有人能逃離現場」；林肯的暗殺者只被打斷一條腿，成功的逃離現場，金恩博士也是；正確的說法應是，沒有一個政治暗殺者不被繩之以法。

台灣也有政治暗殺事件，林義雄家被滅口三人，陳文成莫名其妙死了，所有這些無法破案的暗殺，都很自然地被歸解爲國家陰謀。只有暗殺符合國家利益時，暗殺者才能受到國家公權力的保護。我們的三一九槍擊案，創下許多暗殺事件的先例，第一亂殺，第二找不到兇手，第三不打致命的頭部，第四到現在爲止什麼槍？傷口怎麼形成？以及現場的彈殼從哪裡來？都還需科學實驗上的證明。與其他暗殺史最大差別，別人的暗殺帶來舉國悲痛，我們的暗殺，卻給了被暗殺者陣營無比的快樂與歡欣。從第一刻陳水扁倒下，邱義仁開記者會，一路微笑直到三二〇，那是一個暗殺的狂歡派對，從三一九到三二〇。

呂秀蓮想要成立三一九槍擊眞相調查委員會，就從陳水扁的勝利成果和邱義仁的笑容查起吧！

二〇〇四、七、五

# 誰會輕殺

三一九至今，謊言比眞相多，我近日乾脆連續考證，比對一下其他國家元首如何被暗殺的。

我看了哈定（美）、齊亞哈克（巴基斯坦）、拉吉夫甘地（印度）、沙達特（埃及）、拉賓（以色列）的暗殺紀錄。和三一九之別，他們全死了；暗殺他們的嫌疑犯林林總總，有總統夫人、敵國、極端分子、特勤。其中哈定死得最傳奇，他風流成性，死前捲入「撲克內閣」醜聞案，後來居然吃螃蟹就死了；人們懷疑妻子毒死了他。

沙達特則死在閱兵典儀時，激進回教軍人手中，雲層裡六架幻象式噴射戰鬥機正進行著空中垂直轉圈特技表演，檢閱台前一輛又一輛坦克、大砲緩緩駛過，突然一門一三〇毫米口徑反坦克砲車停下來，大伙兒還沒意會怎麼回事，車上已跳下四個人，向沙達特的位子扔擲手榴彈，並以衝鋒槍掃射國防部長等，「中東一顆政治巨星」從此隕落了。

拉賓和甘地夫人則都是被身邊特勤所殺。以色列前總理拉賓身亡後醫院報告上記錄，子彈從胸口射入，穿透心臟及脊椎骨。警方推估兇手持槍直接抵住拉賓胸前開槍打死他的。拉賓的司機和阿扁三一九特勤一樣「笨」，中槍後二十分鐘才將車開到醫院，警方問他：「爲什麼平時五分鐘的路，卻足開二十分鐘？」司機達姆索答得也像陳再福，路上遇路柵，又迷路，才耽擱。印度甘地夫人被錫克教徒的特勤用槍殺了，而且殺她的地點就在官邸花園內，兇手把槍藏在頭上包布中，外加一把匕首。

甘地夫人的長子拉吉夫甘地也在競選活動中死於一名敢死隊婦女手中。當時用的手法，就是今日巴勒斯坦人慣用的「人肉炸彈」，蘇帕女士喬裝成獻花的支持者，腰上綁著炸藥，接近甘地。甘地後來被炸得血肉橫飛，四肢分離，頭部僅剩下一大半。印度警方組成特別調查小組，蘇帕出身斯里蘭卡「猛虎組織」，甘地擔任總理時曾派兵鎮壓。

這些復仇式暗殺有幾個共同特徵：一、殺人者多半是落敗或曾被無情鎮壓的激進反對派，他們覺得體制內得不到翻身機會，因此必須下重手；二、被殺的總統通常被視爲「叛徒」，因此「連宋」若當選，與中國和談三通，台獨激進人士決定殺了他，比較像上述情節；三、手段狠毒，非死不可。其中巴國齊亞總統還在空中，飛機爆炸受難。歷史上的暗殺，輕殺、不殺、可殺未殺，目前我只找到一個例子。法國前總統密特朗，選國會議員時曾爆發「天文台暗殺事件」，事後他身陷「英雄」或「騙子」的漩渦中，因爲正值選舉且僅皮肉之傷的事自有蹊蹺。

和台灣三一九案不同，法國人民那一次狠狠地讓密特朗大大落敗了。

二〇〇四、七、十

# 只怕成龍

六千億軍購，本是「布扁競選交易」。公投在台灣鬧得不可開交，陳水扁爲取得美國諒解，叫邱義仁當個買辦，吐出六千億預算，買一個美國中立。美國布希爲了今年連任選舉，六千億的軍火訂單，可大幅增加他的軍火商捐獻。本質上的政治交換，卻在幼稚民主中扯上穿上了愛台灣的假衣服。

幼稚化民主的特徵，便是實質問題擺一邊，虛擬想像擺中間。愛扁或愛綠的符號，透過直覺，在沒有實證、毫無邏輯之下，操控社會的多數。三二〇公投連結了簡單的愛國主義符號，於是法律被扔了、選舉的公正性被扔了、債留子孫的檢討被扔了、軍備競賽的危險考量被扔了、行政權侵犯立法權意義被扔了。所有的一切都不重要，再傑出的知識分子，也只能當幼稚化民主的盲從者。

社會學家保羅・維希留（Paul Virilio）以「最惡劣的政治」，形容獨裁者對於愛國或戰爭意識操作的現象。維希留觀察科技的進展，如何影響深遠的社會政治。他認爲歐洲的未來，非歐洲各國的外長決定，也非戰場上決定，而是資訊的光譜決定。他預見了日趨複雜的政治控制體系，以似眞的實況新聞和詐術的軍事行動交織成臨界演出的世界「影像」。他用了「資訊政變」的概念，指控透過媒介複合體（Media Complex）所製造的政治操控，它既是一種困惑，更是一場欺騙。他預言藉著媒介複合體的「整合性意外事故」，將是當代最重要的政治控制手段。

一本翻譯好書《欺矇的戰略》，主編朱元鴻教授在序中援引了維希留的理論，談到台灣的三一九槍擊事件。任職於交通大學人文社會研究室的朱元鴻教授，這麼寫道：台灣三一九事件，由SNG實況轉播、國際媒體記者會、國安熱線、錄影帶、地下電台等媒介複合體的綜效而合成。事件關鍵不在迄今動機不明、破案無期的槍擊，而在於媒體記者會上總統府秘書長傳達「子彈在總統身上」，這件資訊構成「整合性意外事故」的操作張力。

《商業週刊》曾刊登「近距離看全球富豪」攝影照片，其中一張攝於一九九六年迪士尼總部。照片中的主角本是迪士尼創辦人Roy Disney，但照片的比例使他成了配角，只有幾個豆子大；照片主軸不再是創辦的活人，而是他所創造的虛擬假人，白雪公主與小矮人。原始構想者被虛擬影像人物打敗了，Roy和白雪公主站在一起，對比出眞實世界中假的巨大、眞的反而渺小的反差。

現代政治特別是台灣的民主政治，由於影像的巨大遮蓋事情本質，以致我們失去了區辨腳本模型與眞實的能力。在三一九槍擊與選舉之後的新聞戰中，政治的大舞台以及新聞戰的操作，轉化成政治操作反成主角的電影畫面。它或許是個大爛片，但卻是最有眞實影響力的「資訊政變」。

做一個統計，台灣的電視頻道將近七十個，至少包含七個新聞頻道，一個頻道一天至少六十則資訊，一天之內我們至少要接受四百二十則資訊。在大量轟炸的資訊影像中，我們逐漸喪失眞實生活的能力，更不要談一般公民如何分辨政治現象背後複雜的權力過程。

張惠妹是一個例子，青島的少數網友透過資訊的連結，將一小撮瘋狂者的行爲，跳躍地域到了杭州，活生生把在中國大陸演唱事業經營多年的阿妹打敗了。在網路的資訊連結中，只因他們抓到恨台獨、抵制綠色藝人的幼稚型符號，即便已站音樂高崗上的阿妹，也必須倒下來。

從古老的權力觀念看，軍購、三二〇公投、三一九槍擊案、或者阿妹事件，本身都是個笑話。可是笑話那怕只要找到對的時機點，黏上了足夠的政治符號，尤其在幼稚民主的工具平台，現代媒體的整合操控，可以將之迅速發展成瞬間膨脹的「資訊政變」。

幼稚化民主就是把小菜炒成大餐，它不見得使每個人受害，卻永遠有利於權力的最高掌握者。因爲先天上佔有發射訊息的權力位置，他的對手無論在野還是民間，甚至同一個政黨裡僅次於他權力的人，都只有接招的份。對事件的發動權及資訊的掌控權，都保證了迪士尼式的政治操作過程中，當朝者導演、製片及編劇兼具的不敗地位。

不要以爲民主體制不會出現幼稚化民主，美國的麥卡錫主義就是最好的例子。它成功地操作冷戰歷史，把世界分兩塊，自由與鐵幕。在非常短的時間中，連喜劇演員露西都成了鐵幕間諜，被迫罷演。有一段時期，露西（Lucy）頭上的髮捲都埋藏了馬列主義，非消滅不可。民主往往不見得保證可以免於幼稚化民主，只要意識型態存在，就是幼稚化民主的溫床。九一一之後美國有了新的意識型態，反恐怖主義等同反回教世界、等同總統任意發動戰爭權、等同美國愛國主義、等同布希必須連任。

從這個角度而言，四百九十六枚飛彈，是陳水扁最大的權力杖柄。因爲四百九十六枚飛彈，陳水扁可以發動違法又沒有正當性的公投；因爲四百九十六枚飛彈，他可以逼迫台灣通過六千億軍購預算，好進行布扁軍購交易；因爲四百九十六枚飛彈，好讓他可以動員台灣愛國主義，用愛台灣運動消滅政治上他不喜歡的對手；因爲四百九十六枚飛彈場景，他可以操作台灣內部的族群政治，毀掉所有的民主價值。我的老師Charles Tilly曾告訴我們一個經驗，極左與極右常是同志，兩者同根生。極左與極右都是一種以不同意識型態爲殲滅點的世界觀。如果沒有中國對台灣的武力威脅，陳水扁沒有存在的價值；他們彼此互爲生物鏈，彼此互相依存取得政治地位。爲了消滅北京，我們只好需要陳水扁。

而我們選擇的產品以及相信的符號，到底是一個眞實的價值還是虛擬的演出？在幼稚民主當中，答案永遠不會發現。實景的政治就如同一九九六年迪士尼創辦人的那張照片，實際只是豆子點大的存在，而在過程中所操弄的巨大政治幻象，成爲最有影響力的政治產品。

在一場幼稚民主化的過程中，眞實愈來愈小，幻影愈來愈大。

於是二十一世紀，資訊正以更崇偉的風姿盛行。一個適合偉大鬧劇的年代和舞台，我們正活其間。

偉大鬧劇的布景是電視，每一分鐘切割成一千四百四十格畫面，貫穿我們直覺思考的右腦；它用牛頓年代科學家難以想像的傳輸速度，給我們一幕又一幕的「假眞實」世界。劇中的情節或許根本沒發生過，或者被放大了數萬倍，或者被整合成某種意識的行銷工具，它存不存在不重要，但我們都「看」到了，以致錯覺自己身歷其境。偉大的鬧劇主宰了當代史，推銷一場又一場的戰爭，一個又一個本質是壞蛋或自私鬼的政治明星。

難怪現在政治領袖的眞正對手是好萊塢，難怪槍擊事件中阿扁只怕成龍。

二〇〇四、六、二十一

# 輯三

# 給廣場

# 新傷口

三二〇當晚，你在哭嗎？

我想哭，但哭不出來；人到了一種太深的沉痛，就無法哭。等回到台灣，湧上了鄉愁，才哭了。

我不只爲自己哭，爲連宋落敗而哭，也爲這幾年來的努力而哭；更哭在這些努力背後，我所看到國家的未來。

自選戰以來，我經常成爲報導的焦點。回台九年，我已逐漸習慣什麼事都成爲話題人物。眞的假的，經歷了九年，漸漸覺得不是那麼重要。我熟悉權力，可是不計毀譽，也不要藍營回報，全力投入，只爲了一個理由，我深愛這個國家。很多人以爲我恨陳水扁，所以幫忙連宋，非把阿扁拉下來不可。我不會爲了一個人，恨他，因此毀掉自己。

在這場選戰中，我住院兩次，原因都是過度操勞。從我兩年半前競選立委開始，我早已知道，再走政治這條路，一定後悔。如今，也證明了我的預期。幾番掙扎，我還是跳下來選，因爲我捨不得台灣。從十九歲開始，我常常忘了我的生命要自己照顧，我太習慣把自己投射到與國家有關的使命中。我老了以後，雖然越來越精明，但年輕時，如此地黏上的生命態度，再也撕不掉了。

離開民進黨的權力核心後，我淡淡地過了三年，也快樂地過了三年。我一年可以出國旅遊好幾次，那一段期間，也是我財富累積最快的時候。

記得停建核四後，台灣股市跌破四千點。我氣不過，又重回政論節目，上「二一〇〇全民開講」，在中和吧。講完話，下了台，有民眾對我下跪：「妳千萬別只顧自己賺錢，救救我們！」在場來賓六人以上，他們有的天天輔選，認眞爲選民服務，而我不過就是爲《商周》寫專欄、電視廣播裡講講話。我固然有勇氣，可是拿筆的勇氣很簡單，眞跳下來對抗政權的勇氣才難。我記得當場還有李慶華委員、洪秀柱委員等，可是圍繞我的民眾久久不散。像個明星一樣，我被群眾膜拜，也被他們懇求。我覺得很可恥，因爲我知道兩年來，當民眾受苦時，我在享樂，而我還如此浪得虛名。

那個場景牽繫著我，久久不能釋懷。等施明德邀我一起搭檔南、北區立委選舉時，我晚上答應他，隔天一早醒來，看著鏡中自己：「不得了，我要去當立委？」立刻後悔，反反覆覆。這大概是我命中注定的悲劇，最聰明的人同時也是最笨的人。最聰明是外界講的，最笨是很多時候我認識的自己。

選舉過程中，不要談別的，我有長達數月，睡不過四個鐘頭。以我現在的年齡及身體狀況，其實根本做不到。我的性格越來越急躁，永遠做不完的工作，充滿了焦慮。我們幫藍營提幾項政策，除了外界知道的公投法，還有遊說募兵制、台北縣市合併制、捐總統薪水、修憲公投等。有時候，工作到半夜，快要崩潰，就開始數饅頭，還有多少日子要熬？

從此之後，只要藍營有大小異於尋常驚奇之事，外界就認為都是陳文茜主導的。有眞、有假，就像我先前說的，已經習慣了。一個月前，我根據選舉經驗判斷，選舉的結構已確定，當然我從來沒有想過，歷史可以被偶然的槍擊事件影響改變。我認為藍綠基本盤已定，藍軍可以小勝五至六個百分點。依據如此的判斷，我開始淡出連宋競選工作。也在同一時間，外界開始質疑我是不是藍營的操盤手。我心裡越發覺得好笑，有人把猜忌變成妄想，再把妄想變成傳播，可這不就是世界嗎？

我很清楚我要什麼，我要一個不在兩岸問題上攤牌的國家。以我對國際政治的認識，兩岸一旦攤牌之日，就是台灣投降之日。中國大陸或許因此倒退十年，而我們至少倒退五十年。即使兩岸不發生主權型態的戰爭衝突，陳水扁政府所主導的全球經濟政策，由於對中國強烈敵視，很難讓台灣融入全球經濟圈中。我說過很多次，台灣全球化的第一步，就是要解決和中國的區域經濟整合。地緣政治對任何一個小國來講，都不愉快；可是它決定了國際政治、經濟與歷史長達一千年之久。

最後一天，發生了槍擊事件，我在家中看著電視，滿臉錯愕。我請幾位醫師幫我查證。就在邱義仁秘書長開記者會之前，當地的醫師已告訴我們陳水扁總統受傷，但只是皮肉之傷，縫幾針，既不用麻醉，也不用開刀，很快可以痊癒出院，就把它當一個雖發生在國家元首身上，但並不嚴重的外傷。可是過了十五分鐘之後，邱義仁開記者會，說找到了子彈，子彈就在總統身上，總統很少穿防彈衣。邱義仁沒說什麼，也刻意地不說什麼，讓社會對總統的安危產生了強大的震驚與想像空間。

之後，連宋競選總部接到相當多的資訊。當天晚上九點鐘，我被通知在緊急狀況下到競選總部一趟。我看到連宋分別拜訪陳水扁及呂秀蓮吃閉門羹回來，重要的輔選幹部、主委層級以上的多數在場。負責民調的專家黃德福委員表示，有三家民調已經打成平手，短短幾個小時內，已經崩盤了。槍擊事件讓連宋支持者至少消失了七到八個百分點，等於一百萬票左右。

當時我想起了兩個禮拜前的西班牙大選，西班牙三月十四日投票前三天發生了全球震驚的爆炸事件，兩百多人死亡，一千多人受傷。執政黨馬上把責任推給與在野關係良好的巴斯克分離主義，而在野黨的政治領袖則選擇在第一時間衝到街上，質疑這件事是選舉操弄。第二天發動一千萬人示威，要求眞相，反對操弄。三天後，反對黨險勝，四十二比三十八。

於是現場幾個人互相問著，是否要按著證據與外界的陳情質疑，要求十二點之前公布眞相？還是坐以待斃，等隔天選舉更徹底崩盤？林豐正秘書長打電話去南部，某位競選總部主委告訴他，南部連宋支持者心理已潰堤！我們在場接近二十人達成共識：提出質疑，但不做陰謀論推測，要求眞相。不過我們都低估了媒體，即使提出的是「質疑」，還是被定位「陰謀論」。

後來開記者會，馬市長要我第一個說話。之後總部不斷地接到抗議電話，後到的幾位縣市長與立委也就不講了。之後等國安局開完記者會，馬市長面有難色，向我提起許多記者的負面反應。我主動告訴馬市長，如果他覺得這是個負面的批評模式，他可以不在乎我的感受。馬市長可以再開記者會，宣布我的言論不代表連宋競選總部的立場，僅

代表個人。這樣既可以讓泛藍基本面鞏固住，也可維護中間選民。

當天晚上，林豐正秘書長很細心地想到我可能會被民進黨支持者暴力攻擊，於是保護我，住到一個幽靜的偏遠地帶。第二天，馬市長派了大批的警力，只爲了保護我投票。我決定不再於選舉過程中成爲大家的負擔，搭機離開台灣，於是又有惡意的媒體說我逃走。

這場選戰，很多人受傷。這些人的傷，有的個人可以承受，有的時間可以撫平。但是國家的傷痕呢？以後我們還會驕傲說我們的選舉是公平的嗎？總統大選雙方票數如此接近，其它民主國家可以自動驗票；而我們得等到溫和的藍軍選民開車衝撞地檢署，法院才下令查封票匭。國際早看過各國政治人物選前用暴力操弄選舉的例子，有的將計就計，有的自導自演。我不知道三一九當天是什麼？可是我相信大多數人，也不知道眞相。

這一段我們所經歷的歷史，可能只留下十年後他國教科書上的註解：台灣經歷了一場不公平的選舉，並且在詭異的槍擊疑雲下，陳水扁連任成功！歷史教科書可能還會寫著，從此兩岸更加對立衝突，台灣逐漸在國際經濟中被邊緣化。

一道屬於總統的傷口帶給了他勝利，但屬於國家的新傷口，正逐漸擴大。

二〇〇四、三、二十三

# 新民主運動

三二七之後，台灣意外出現了新生的民主運動。

陳水扁眼中，無論槍擊案爭議多大，只要頭過身就過。套一句他的名言：「我就是贏了，嘸哩係麥安怎！」他算準了泛藍的支持者都是中產階級，鬧不久；泛藍的領導者是落敗的執政者，對抗的意志不夠。當選的晚上，無論贏得如何忐忑不安，他眼前擺著一只如意算盤。鬧一天吧、鬧兩天吧，我每天給你一招又一招的技術杯葛，像個難纏的律師般，看對手能撐多久。

選後十天，陳水扁發動股民、工商界、宗教界，操縱媒體，想辦法瓦解總統府前廣場民眾。他的行徑已經快與高雄事件時的國民黨沒有差別。三軍統帥領導國家無方，可是府院黨三管齊下，無非就是盡其所能瓦解三二七大遊行。國民黨內部並不是沒有爭議，有些人在民進黨的恫嚇下，的確擔憂當天失控。不過幾位具膽識的政治領袖與幹部，不顧一切地迎戰陳水扁。三二七當天，民眾由四面八方包圍總統府。

從三二七之後，台灣的民主運動完全走向一個新的里程碑。當年抗暴的，如今變成施暴者；當年被鎮壓的，現在變成鎮壓者。群眾運動有了新的人民，新的面貌。凱達格蘭廣場第一天是悲憤的，第二天是挫折的，第三天是相濡以沫的，第四天是寂寞國度中，人們找到了同伴；到了第五天，要去凱達格蘭廣場，彼此戲稱「逛逛夜市吧！」國家還是不是我們的？民眾去之前看著鏡中的自己，不太確定；去了廣場後，不一樣的臉孔，一樣的憤怒，他們高興地互相擁抱：「國家還是我們的！」

三二七之後，反對黨領導者的特質也全然地改變了。宋楚瑜當天宣布，如果重新選舉，他可以辭去副總統候選人資格。宋楚瑜在選後看到許多宋友會民眾從美國趕回來投票，哭著離去。他看到那麼多人的絕望，知道自己身負重任，這些人把一生的期望都交給了他，再失敗，這些人只好一輩子活在絕望了。背水一戰的宋楚瑜，像新生民主運動中的巨人，當年意氣風發的新聞局長宋楚瑜、勤政愛民的省長宋楚瑜，都不若悲劇英雄宋楚瑜來得令人擊掌。好事之徒當然又從各種權謀角度討論他的去與留，可是亂世出英雄，凡俗的好事之徒還適應不了亂世，又怎能理解英雄？

這兩個禮拜來，新的在野民主力量有了新的自我意志。過去兩個星期，他們一直被權勢操弄的知識分子包圍、被妥協當道的宗教者包圍、被社會投機的氣氛包圍，似乎將要透不了氣，不過咬著牙一想，國家是他們的，拚了！三二七當天五十萬人喊著「台灣加油」、「民主加油」，他們的未來更要加油。咬著一口氣，面對多少排山倒海的壓力，他們不退卻。這是一個多麼壯闊的新生民主運動。

二十年前，民進黨一直是台灣民主運動的旗手；二十年後，他們成為台灣民主運動的背叛者。他們的變質，代表著台灣民主的墮落與價值的淪喪。台灣的民主眼看著掉到深淵裡，翻不了身了，可是一場意外的二〇〇四選舉，卻突然從社會底層翻出一股驚心動魄的力量。這股民主力量不是陳水扁訟棍型的技術杯葛可以輕易瓦解，他們有信仰，他們有領袖，他們更有自我。凱達格蘭夜市與中正紀念堂靜坐的人，清楚他們來這裡不為連宋，為了自己、為了深愛的故鄉與下一代。

事實上，選後半年來，台灣有一半的人口活在痛苦與挫折中。每天早上哭著醒來，他們分成三種態度：一種打電話去移民公司，想辦法走，走不了就跟現狀妥協，只希望這件事趕快過去；甚至投機地也打打通路，看能否即時靠到執政那邊；第三類則選擇做自己，做台灣新民主運動的成員。不想走也不想認命的人，他們清楚知道世界上沒有第

二個故鄉，他們用一種陳水扁支持者所不能理解的方式愛台灣。競選時期，我們還看不到的使命與理想特質，在三二〇之後意外爆發。我們以爲已經崩潰的民間社會，意外出現生機。

三二七當天，鄭麗文與詹澈，兩位分別是十年前學運與二十年前社運的參與者，執掌著麥克風喊「台灣加油！」「拚民主！」「要公道！」「台灣人要拚才會贏！」總統府前的廣場被解放了，解放權不再屬於陳水扁個人。過去陳水扁以及其團隊玩弄「解放」的觀念：在野時，廣場是他們的，因爲他們是抗爭者；執政後，廣場還是他們的，因爲他們有權力。他們擁有一切關於「解放」概念的掌控權。

四年來，價值倒錯成爲知識界的恥辱，靠攏執政者，跟執政者要資源，比比皆是。例如前澄社社長顧忠華一方面出來拍公投廣告，一方面卻可以擔任公投辯論的提問人。御用學者不僅不照鏡子，還有臉罵傾向在野黨的人違反中立。玩弄得如此樂趣，所掌控的媒體隨之起舞，聲音大到讓他們以爲這是全世界。三二七之前，這群驕傲的政治人與知識人以爲靠著槍擊案可以槍斃台灣所有的民主，但是台灣的民主畢竟置之死地還是後生了。三二七之後，陳水扁的總統寶座底下隨時埋著一座火山，槍擊案的眞相何時被識破，他就何時倒台。總統位置眞是坐在流沙之上，醫師們憤怒，專家們恥笑，恐怕羅福助坐在立法委員位置上所得到的尊敬都比陳水扁多。

新的民主運動，讓台灣一半受挫的人們有了依託，讓台灣有不往下沉淪的力量，讓反對黨必須團結。過程中，反對黨某些個別立委發出雜音，對靜坐抗議有不同意見，被媒體刻意地挑撥放大。但在群眾堅定的要求下，他們必須自問「年底立委還要不要選？」於是當天晚上，除了兩位之外，全都靜坐於總統府前。是三二七這群堅定的民眾保衛了台灣民主的力量，保衛了反對黨的團結。我們幾乎可以確定即使未來陳水扁在立法院組成國安聯盟，拔樁在野黨的個別立委，他們離開國親兩黨，自己能不能生存，恐怕都是個問題。泛藍的支持者不會跟他們走，泛綠的位置未必爲他們而開，叛變的價值只存在於年底之前，不過剩幾個月而已。原本大家預期：國民黨一旦落選，恐怕立刻垮台、分崩離析，本土派將會出走。結果本土派的老大王金平院長牢牢地站在原本的反對陣營中，他回答：「團結都來不及了，怎麼可能出走！」

呂秀蓮曾經在總統府裡憤怒地發聲，質問二十年前當她在坐牢的時候，如今在總統府外頭抗議的人們在哪裡？呂秀蓮可能不知道，二十年後，也會有人問她同樣的問題：當台灣的民主走到新的階段，需要對抗不公、不義、不誠實的政權時，呂秀蓮又在哪裡？

在民主國家，總統槍擊案，只有兩個答案。預謀的，那麼總統的行爲是組織性犯罪；以國家的公權力進行一場有計劃的犯罪行爲。非預謀的，國安局長、特勤中心主任、侍衛長等必須下臺，必須接受軍法審判，必須被彈劾。如果陳水扁槍擊案屬實，他們全逃不了以上命運；但是現在國安局內部卻盛傳，這些人都將要升官。在民主國家，事實的發展只會有兩種結果：一是證明總統有犯罪性的欺騙行爲，二是他身邊的人必須受軍法瀆職審判。在民主國家，媒體會比政治人物早一步發現眞相，例如美國的水門案與豬玀灣案，都是靠媒體發掘眞相。在台灣，每天高喊爭取第四權的媒體能嗎？

陳水扁不能做到誠實，呂秀蓮不能做到支持反對運動，媒體不能做到發覺眞相，可是台灣有一大部分的民眾能！在三二七當天，他們替台灣民主運動開啓了歷史的新頁！

二〇〇四、三、三十

# 在野制衡，怎麼辦？

一個國家有想當獨裁的執政者不稀奇，有放棄制衡的在野力量，才稀奇。

三二〇之後在野陣營如何整合，到現在為止無法找出答案。多數的分析忽略了現存在野龍頭大黨，國民黨的組成結構與背景。因由歷史累積的國民黨權力結構，不只影響二〇〇四，也將影響二〇〇五、二〇〇六，甚至綿延至二〇〇八。即使明星如馬英九，他未來政治之路，也將高度的受傳統力量制約；它不因國民黨下台結束，更不因連宋下台結束。這是一個落敗的執政黨，它的權力結構全為了昔日執政而設計，一旦轉化為在野命運，即出現根本的困境。

既存在野力量與過去民進黨，有很大的差別。首先，民進黨在野時代也曾存在激烈的路線與派系之爭，但當時新潮流所發動的路線鬥爭，只是掩護，權力爭奪才是重點。

新潮流與泛美系所爭論的群眾路線或議會路線，現在回頭來看，道理更加明顯：沒輪到我選，就主張群眾；輪到我選，也加入議會。民進黨在激烈的權力爭奪戰中，所以一直能維持成長，有一個明顯的決定因素，上面怎麼鬥派系、分長扁，群眾都是同一群人，理念一致。民進黨的群眾有共同的理念，反對國民黨，在乎台灣人意識。總統直選抗爭，火車站前只有打架與不打架的區別，長也好、扁也好，不來抗爭的就政治自殺，民眾判你出局。

幾十年的反對運動史所聚集的群眾，包圍了民進黨政治領袖與菁英，也迫使民進黨，總是一致對外。就這點而言，藍軍今天的政治基礎，相對脆弱也分裂許多。除了「中華民國」國號國旗及反扁符號外，並沒有太多共同的理念與情感。國民黨有至少三分之一的立法委員，甚至一半，出身地方派系，他們與樁腳基層之間，所依賴的侍從主義交換政治支持，基本上與今天知識分子論述在野如何制衡陳水扁，毫無關聯。很難想像廖福本的選民與凱達格蘭廣場有何關聯吧？他們講求侍從主義下的分配，不只派系立委與形象立委支持者不同，派系與派系之間，也無共同利害。南投要的九二一工程經費與雲林北港焚化爐工程，是兩套不連結的分配關係。

藍軍百分之五十的選民無法看成一塊大餅，它其實是一塊蔥油餅、加一塊烙餅、再加一塊雞肉餅，有的得加蔥、有的得加肉。因此從三二〇之後，要不要抗爭、要不要留在廣場，不要說藍軍的政治領袖有不同的利害關係，藍軍的群眾也有不同的思考。三二〇後，一個不公不義的政權，當然應該對抗，甚至倒閣，但是每一個踩出去的抗爭腳步，都被部分的藍軍人士扯後腿。這些扯後腿的人，他們的正當性有一大部分來自他們特殊利益下的選民。他們的選民，本來就不是反對意義下的選民，而是長期在侍從主義下分配資源的政治動員對象。

民進黨當在野黨年代，不可能立法院過半數席次，五年五千億仍可過關；民進黨當在野黨年代，鄭深池以價值三百萬股票掌控上兆金控董事長人事案不可能被接受。民進黨立委固然三分之一左右仍是包工程或要點好處的，但由於群眾並非純然分配政治下的產物，所以要東西，也不敢明目張膽，頂多偷偷摸摸。就這點而言，民進黨雖然數目上分成「四」個大派系，但比現有國親「兩」個政黨容易整合，因為它的群眾是一致的。

從三二〇之後，我嘗試想讓自己慢慢脫離主觀的強烈反對信念，觀察我好似熟悉，又不完全熟悉的藍軍勢力。經過四個月，我有幾項結論：

第一，藍軍的分歧，恐怕是個結構上的問題，不只是路線衝突；藍軍的權力結構，上有領導權、幹部、個別立委的權力計算，但隱藏底下的結構衝突，才是更大的隱憂。

想抗爭的就不能跟執政黨要好處，想跟執政黨分好處的就不太可能抗爭到底，於是兩邊力量互相拉扯，幾乎每一步都踏不出去。

第二，藍軍整合，必須先彼此清楚認識其中的結構歧異，而不是想辦法吃掉對方，因爲誰也吃不了誰。彼此的歧異，是歷史丟不掉的遺產，凡地方派系出身者，除非有非派系的強大民意，例如林益世，否則只是侍從主義分配政治的代言人。

第三，在過去三年之內，民進黨與台聯維持一種良性的競合關係，值得藍軍學習。有競爭，但懂得合作，甚至刻意策略運用其歧異。公投制憲，阿扁現在當縮頭烏龜不敢講了，台聯講；去年一〇二五公投大遊行，蔡同榮與台聯一起舉辦，民進黨也參加；台灣正名大遊行，台聯舉辦，民進黨的人參加；而二二八百萬人手牽手，扁呂競選總部主辦，台聯動員參加。以權力邏輯而言，在野需要整合才能有所作爲，執政者反而不怎麼需要，但台灣的情況剛好相反，執政整合很快，因爲綠軍領導者頭腦清楚，彼此看出需要。

在野領袖卻相反，有人看到對方的懦弱，也有人看到對方的激進。三二〇之後，在野除了眞相調查委員會成立，幾乎沒有一件事情，可以達成共識。國民黨歷史發展遺留下來的特殊政治結構，與在野角色的衝突被忽略，藍軍因此無法把餅做大。藍軍不只是兩黨合併的問題，黨內有派系，各地方也有兩個以上的派系競爭，它只能以形成歐洲多黨政治下的聯合陣線，由每一個政治代言人訴求自己的選民，透過席次彼此結合，做合理的權力交換。如果在野強調的是彼此差異，在野勢必垮台。

第四，藍軍需要的並非路線的辯論，而是路線的尊重。例如，九月底司法判決，無論結果局部重選，或全面重選，藍軍勢必得發動一波又一波的群眾運動，否則法官給了藍軍機會，藍軍一樣落敗。阿扁反而因此大贏，透過重新選舉再把連宋打敗一次，讓藍軍徹底失敗。局部重新選舉的地區，非常可能只侷限於爭議票及無效票集中的南部縣市，藍軍當地的民意代表，恐怕再起一番爭執，有人主張控訴做票、槍擊案，有人怕刺激綠軍的群眾，又不知自己該提出什麼，只好附和綠軍的符號，強化族群政治的概念。簡單講，藍軍光自家鬧，就足以保證阿扁躺在總統府都可以再贏得一次真正的勝利。

在野無論走政黨合併或大聯盟，都必須正視藍軍在結構上不可避免的分歧，否則任何合併聯盟都不會成功。民進黨在野時，有一點是謝長廷的遠見，一九八三年黨外後援會，他主張揚棄密室政治，不由政治菁英派系協商提名，而由幹部評鑑及公開投票方式決定候選人。現在政黨最重要的機制就是提名，如果提名是密室協商，舊式的政治不只會不斷的重複，還會拖垮政黨的競爭力，尤其無法透過一套公平的制度，把選民中不同路線的歧異做公平的整合。藍軍現在缺乏瞭解彼此包容眼光的新領袖，也缺乏一套公平及透明的協商機制。如果這次立委選舉，國親領導者成立一個提名中心，凡在野有志於參政者都來登記，然後透過民意調查推薦候選人，藍軍年底立委選舉的氣勢會完全不同。

今年立委沒有做，明年更嚴重。立委選舉還是個多席次的選舉，容許兄弟鬩牆，到了明年縣市長選舉、二〇〇六北高市長選舉、二〇〇八總統選舉，都是單一席次。公平而透明的協商機制一拖再拖，民進黨從一九八三年開始建立機制，到現在二〇〇四，國親整整晚了二十一年，還無法實現。民進黨的派系內部並沒有眞正的理念衝突，只是純粹的利益分配；現有的在野陣營，比當年民進黨更需要一套透明而公開的初選機制，才能做到整合。

李敖曾說過一句名言：「我們的悲哀並不是陳水扁是我們的敵人，而是國民黨是我們的朋友。」現在在野陣營看起來人很多，參選還爆炸，但實際制衡陳水扁，卻像一棟空房子，不知道人在何方？藍軍要選民給他們過半，要選民相信制衡的力量，可是藍軍不是薛球，選民不是被綁架的人質，不能光說制衡，選民就非投不可。

要制衡陳水扁，在野除了吵架，得拿出一套辦法。

二〇〇四、七、十二

# 冷冷的指標

高雄市議員補選結束，很冷清，也很指標。

補選往往是下一場大選的指標戰。選前一天，陳水扁以總統身分，無論多少抨擊，「不救災，要選舉」，硬到高雄。

有一點不可忽視的，陳水扁爲一場不舉足輕重的選舉親征，除了鞏固民進黨外，也隱含了他必須抑制台聯成長的隱憂。

三二〇大選，民進黨將之定位爲台灣人意識認同戰。以得票結構分析，陳水扁百分之五十選票，至少百分之四十具強烈台灣人認同。陳水扁知道這一點，選前給迷幻藥吃，巧妙贏得二〇〇四選舉，但選後也給自己留下難以克服的權力難題。

過去陳水扁的政治經驗，黨內無強者，他說了算。儘管選前二〇〇六公投制憲喊得震霄雲天，權力到手後，外界側目，他卻可以不提。他相信民進黨只要拿到統治權，頭過身就過，泛綠的人就算了，沒想李登輝不算！公投制憲，陳水扁要換總統大位，李登輝晚年要藉取政治光芒；陳水扁目的已達，李登輝政治動機卻還在。

總統大選後，外交史上一項秘密，美國派出不同特使，向陳水扁傳遞訊息。他必須重申任內，只修憲不制憲；任內沒有二〇〇六公投制憲，只有既有憲法程序的修憲。五二〇就職前，美國私下威脅陳水扁，必須重複這項宣布，否則年底立委，美國有足夠的殺手鐧，讓泛綠落敗。美國的外交圈內盛傳，白宮威脅陳水扁，如果堅持二〇〇六公投制憲，美國將公開宣布：「陳水扁以不正當的方法，取得總統大位。」美國的威脅使陳水扁認知其中利害，反正東西已到手，何必堅持？選前阿扁只看國內台灣民族主義動員，選後美國老大已轉爲扁權力上眞正在乎的唯一力量。

這次高雄市議員選舉台聯成長，除了候選人因素外，陳水扁放棄二〇〇六公投制憲，台聯取代爲強烈台灣意識主體寄託也是主因。比起我在民進黨時代的基本教義派選票，選民比例過去僅有15—20％；此次總統大選，扣除陳水扁6％左右槍擊案同情票，5％割喉及地方派系選票，選舉專家經交叉反覆的比對，民進黨內至少30％選票，爲堅定台獨主義主張者。比過去我在民進黨的時代，成長將近一倍。他們奉陳水扁爲共主，也奉李登輝爲精神領袖，他們願意支持任何一位帶領他們走出台獨之路的領袖。

剛剛完成的一份民調，如果台獨引發兩岸戰爭，有六成的民眾不要台獨，但也有高達三成的人決定即使戰爭也要打到底。冷冷的結論，過去十年台灣國內政治以及兩岸情勢發展，已有三成民眾堅信台獨是一條非走不可的路，就算戰爭都要走。他們並非大家想像中的高齡、低學歷的選民，相反地，他們的學歷，比台灣人口比例偏高，年齡層也偏低。

過去十年台灣社會選民結構悄悄翻轉，不只威脅著藍軍，也威脅陳水扁今日的政治處境。陳水扁南下高雄，說爲泛綠過半，不如說鞏固民進黨席次並抑制台聯成長；但陳水扁沒有成功，台聯在年底立委選舉已有了非常大的強心針。鷹派路線年底選舉將更抬頭，民進黨想當選的人，都必須和台聯爭鷹派票；台獨基本盤才是民進黨的多數，且穩定的多數。

相對綠軍，藍軍卻是溫和派抬頭，鷹派垮台。高雄市議員選舉，宋楚瑜成爲最明顯的輸家。親民黨弱化的現象，早在三二〇之後慢慢出現，民眾失望也好、傷心也好，無論如何，不想離開台灣的藍軍支持者，都把希望放在馬英九身上。我過去分析台灣的政治常說，我們的政治其實沒有政黨政治，我們的政治比較像ＮＢＡ職籃比賽，當公牛隊有麥可喬登時，公牛隊所向無敵；但沒有喬登，公牛就成母牛隊；當湖人隊沒有歐尼爾，湖人也成了湖狗隊。

三年前立委選舉，親民黨手中有宋楚瑜這張王牌，「宋」進立法院，曾經是親民黨的號召。那時親民黨的民調全國支持度大約爲24％，國民黨相對只有12—15％，可是到了上屆台北市長選舉後，全國性選民政黨結構卻有了革命性的變化，親民黨一步步衰退，黨的支持度只維持10—12％，約只三年前的一半。國民黨擁有馬英九品牌，無論黨內多少隱憂，都可暫時掩蓋。

對照台北市北區一級戰區ＴＶＢＳ民調，排名第一與第二分爲國民黨丁守中與章孝嚴，即使親民黨表現傑出的李永萍，都退至第四；非常認眞並在國安機制中窮追不捨的秦慧珠，也只能排至第十名以後。藍軍的票如果對照高雄市以及台北市北區民調，年底立委藍軍票集中於國民黨陣營，幾乎是不可避免的趨勢。親民黨現任立委席次如今已是高估，如果不對提名策略及輔選機制做全面的檢討，年底立委，會爆發黨加速邊緣化的危機。

親民黨的隕落，對整體藍軍將造成意外的影響。三二〇後抗爭的路線以及代表抗爭路線的政黨，輸了；以後制衡陳水扁必須走溫和方式。於是我們看到政治光譜，綠軍愈來愈鷹派，藍軍愈來愈鴿派，形成了台灣政治更大的傾斜。台灣的政治光譜經歷幾個政治明星數月來的角逐，慢慢塵埃落定成脆弱的反對力量VS.強烈台灣民族主義鷹派抬頭對決的趨勢。

馬英九當然是明日之星，有馬英九在，民進黨就不可能提名呂秀蓮。呂秀蓮在這場權力過程中，終究得跟著陳水扁一起下台，再不甘心，也勢必泡沫化。有馬英九出來競選的挑戰，民進黨就必須提名最強的人選，很可能蘇謝配。而馬英九呢？他必須在各種不同的路線中捉摸，照目前幕僚給他的方向，找淺綠，除非沈富雄答應他成爲馬沈配，否則其他人都不足以代表淺綠的意涵；第二條路也是最可能的路，就是請王金平擔任副手，補足他與政治菁英的衝突，及南部地方力量的空虛。這條路線，問題不在副手而在正手，一對一的選舉，必須從基本盤開始打起，馬英九固然是泛藍不可取代的政治明星，但許多二○○四被背棄摒絕的人民，從二○○四至二○○八，找不到希望，紛紛出走，成了二○○八不投票的人口；他們不會投給蘇貞昌或民進黨，但這並不表示他們一定投給馬英九。馬英九的第三個選擇，找社會具有特殊聲望的人當副手，如陳履安模式；在民族主義符號操作的台灣政治下，此路並不可行。台灣社會已沒有所謂中間選民，如同此次美國總統大選，恨布希與愛布希截然兩個陣營，所謂中間選民就是流浪漢及低收入，誰給他社會津貼，他投誰。二〇〇八選舉，正值北京奧運前夕，台灣必得經歷一個複製台灣民族主義的選舉，本土地方派系的權力會比二〇〇四總統大選來得更高，清新路線的副手，給馬英九帶來的幫助並不大。

眞正的問題並不是二〇〇八，是當下，是現在。台灣的問題，誰來制衡既有執政黨？這四年誰來制止兩岸戰爭？誰強而有力的讓執政黨路線不往鷹派傾斜，往經濟全球化傾斜？眞的如我先前預言，制衡陳水扁的力量，不在台灣，只在華盛頓和北京，台灣誰當選二〇〇八，意義很小。

從一九九四年新黨成立至今，短短十年光陰，藍軍選民從愛趙少康、愛宋楚瑜、到愛馬英九，這三個完全不同型態的政治人物，每個階段都讓小人物把未來交給他們。當愛的希望幻滅時，人民又擁抱新的政治人物。新黨邊緣化後，取代他們的親民黨現在面臨接近的處境。泛藍中維持高度理想熱情的流動選民，經過十年的光陰，聲音愈來愈小，選擇愈來愈少，心情也愈來愈無奈。

不要小看這次高雄市議員補選，它是年底立委以及未來政治走向的寫照。

二〇〇四、七、十九

輯四

# 給兩岸

# 戰爭時間表

從中國的角度，現在解決台灣問題只有一個核心的觀念——如何排除美國障礙。因此什麼時候打，該如何打，反而成了主要的考量。正如一九七二年毛澤東對尼克森說的，「台灣問題終究還是要打的」，中國領導者現在最常問的問題，不是要不要打台灣，而是打了之後如何收拾殘局。

一般民間總將中國對台戰爭，想像成傳統的戰爭模式，一片廢墟，死數百萬人。中國攻打台灣，不可能採取傳統模式，它必須於幾個條件下進行：一、速戰速決；因此，所謂殺手鐧或斬首策略，可行性最高。二、不與美國正面對決；因此，美國無法介入時，正是攻打台灣最佳時。三、中國國內付出的代價最少；就最後一項而言，許多人討論經濟制裁，我認爲可能性反而很低，因爲現今台灣與中國大陸的經濟依存度相當高，

制裁結果是懲罰台灣還是大陸，根本分不清。

陳水扁選前定下二〇〇六公投制憲，選後改口，到底制憲還修憲，我認爲時間比內容重要。陳水扁講話，除了他的支持者，世界上願意相信的已寥指可數。當陳水扁在選前定下二〇〇六公投制憲、二〇〇八實施新憲時，他想的或許只是一場新式選舉吹牛比賽，但卻爲未來四年兩岸戰爭投下不可挽回的變數。

陳水扁不知他說了二〇〇六公投制憲，等於給敵人立下了戰爭時間表。他講得如此具體，別人只好做最壞打算，也很具體計算還手的時間。這是過去近六十年來，中國的領導人從沒思考過的局面。他們總覺得台灣問題可以一代拖一代，一百年再拖一百年，叫叫喊喊算了，何必當眞！瞭解北京政府的人現在翻著說，毫無疑問，根本不用談，就是打！台灣已成中國領導者最優先選項，問題只在何時打？如何打？

美國軍事專家費雪曾指出，三年之內，兩岸軍事仍失衡，中國強，台灣軍備弱，新的軍事採購等三年後才能就位。

爲什麼非二〇〇六不可？從北京角度分析，就算陳水扁放棄制憲總綱更改，包括國號與領土都不動，二〇〇八仍是一個極壞的年份。台灣又要選舉總統，美國也在選，中國在台灣問題還是進退維谷，動手不是，不動手也不是，一切只會比二〇〇四來得更糟。尤其二〇〇八還是中國北京舉辦奧運的日期，奧運在北京，不只是一場國際比賽，中國人民已賦予奧運太多的民族情感。當世界奧委會宣布北京取得主辦二〇〇八奧運資格時，中國北自瀋陽，南至廣西，每個中國人都哭了。等了這一刻，中國等了好幾百年啊！這麼多年的衰敗，挫折的中國人終於站起來了。孫中山的革命，中國人沒有站起來！中國共產黨建國，中國人民沒有眞正站起來！中國站起來，就在北京奧運！

北京的領導者處理不好奧運，或者在奧運時刻面臨台灣宣布獨立，出兵與世界爲敵，形同割肉自殘。用一句政治老話，二〇〇八北京領導者不能也不會坐視等待台灣危機擴大。所以解決台灣的時間表，變成幾個限制性的政治情境。第一條件，在二〇〇八年之前，而且離二〇〇八愈遠愈好。第二，付出最少的代價，因此，必須美國措手不及，無暇救援台灣的時機。台灣最新一批六千億軍事採購，將在三年之後才正式啓動；換句話說，這三年內台海軍事情況，有利於大陸攻台，中國沒有理由坐等台海軍事力量又平衡了才動手。第三，最重要的條件，美國被迫陷在伊拉克戰爭，十三萬美軍無法自中東脫困，美國無能也無力再與中國作戰，處理台灣問題。

民進黨青壯派僥倖估算，他們爲陳水扁提出一套新文化論述，搭個制憲下台階，等於間接告訴北京民進黨二〇〇六公投制憲，內部尙有不同的雜音，至少將時間表從二〇

○六拖到二○○八，或者二○○八再想個招數拖到二○一○。但是民進黨內忽略了兩岸戰爭的明顯及迫切性，因爲陳水扁史無前例的性格與國際軍事生態，這套文化論述無法奏效。在槍桿子出政權的人眼中，這些滿地找論述的人，簡直是小孩子玩雜耍戲，就這幾個小朋友寫幾篇文章，可以讓北京實質排除嚴肅的戰略考量嗎？美國前國家安全顧問布魯辛斯基曾經警告，殺手鐧已成中共攻台最核心戰術，四十八小時內，台灣人民睡兩覺醒來，已經變天了。

殺手鐧使用新型武器，不傷害一般平民，只摧毀台灣重要的電訊指揮系統或者電廠。包括脈衝武器、生化武器及電磁波武器等，發動戰爭那一刻，全台灣通訊設備，數分鐘之內全數癱瘓，目的就逼我們上談判桌，接受一中原則。

長期關心兩岸問題的美國專家，都爲台灣捏一把冷汗。反倒我們的領導者知覺甚少，日日肆意地操弄兩岸戰爭情勢，好賺取國內政治動員的利益。四年前不見得成熟的中程協議，現在愈來愈多美國專家把它當一回事，並且將做出實質修正，以符合台海的現況。台灣將在中程協議原則之下，五十年不變，維持一定的獨立自主形式，但必須承認一中原則。

三二○之後，綜觀國內政治生態，陳水扁掌握了權力優勢，但無法掌握民心，尤其無法掌握軍心。這樣一個政府，這樣一個領導者，誰會爲他而戰？誰願意爲他而死？在中國的眼中，現在的台灣最脆弱，軍力最脆弱、政權的正當性也最脆弱；美國深陷伊拉克，沒有能力救援台灣，美台互信基礎弱，美國幫助台灣協防的能力與意願都有史以來最脆弱。二〇〇六公投制憲的變局，選前恐怕連陳水扁都沒設想過，自己捅下了這麼大個婁子。畢竟只擅長國內政治操弄、從不考慮國家風險的政治領袖，終會爲他自己、也爲他的政權及國家，踩下引爆的地雷。

陳水扁以爲，他所擅長的變形蟲政策，可以讓他再次脫離險境。但他拖得了一天、拖得了一個月、拖得了一年，他未必有能力讓自己及統治的台灣，拖得了兩年或者四年。台灣如果可以逃過兩岸戰爭的劫難，眞正的鑰匙已不靠陳水扁的巧門藝術，而是中南海領導者的一念之間。如果陳水扁與台灣夠幸運，北京的中南海都是類似國民黨型的人物，進一步退兩步，保守謹愼行事，五一七聲明不過只是又叫叫而已，那麼台灣或許可再拖混個四年。

當然，那個局面已像搭雲霄飛車了。此刻眼看著要開戰了，卻又一番承平；好不容易過了一段安定日子了，陳水扁又闖禍，戰爭又將臨頭了。台灣死不了，活得也不甚好。三二〇之後，我常常說，制衡陳水扁的力量並不在國內，而在美國、北京。現在這個趨勢愈來愈明顯。我相信未來歷史對這場選舉的定位，將如此界定：這是一場最後的兩岸及族群之役；過不了這關，兩岸的危機、族群的危機，從此難過了。

二〇〇四年三月二十日，一場不民主的選舉，看起來注定了無可避免的悲劇。

二〇〇四、五、十八

# 台獨市場化

自二〇〇〇年執政之後，民進黨的台獨運動，已是一個撲朔迷離的迷宮。它和一九九一年台獨黨綱的策略不同，擺著改名台灣共和國。民進黨的新台獨策略，有著相當繁複的論述，似要做、似要不做。

陳水扁的台獨，並非宗教革命式的台獨，它是一種「政治市場化」包裝下的新台獨主義。新的台獨主義有追求自主的意志，有福佬人當家的政治文化符號，有實質台獨的法理內容。我認爲從二〇〇〇年陳水扁上台之後的台灣自主運動，本質上只是一個有利於選舉策略的新選戰主義。重點在選戰策略，而非實踐國家主張。它的算盤很簡單，74%的福佬人口，選舉怎麼選都贏，以目前民進黨在台灣的得票率，只有四成左右的福佬人投了他們，未來還有34%成長的空間。在泛綠尚未掌握絕對多數之前，福佬中心主義沒有停的理由。

對福佬中心主義者而言，二○○四是一場光榮的戰役。未來年底立委選舉、二○○五縣市長大選、二○○六北高市長、二○○八台灣總統大選，福佬中心主義毫無猶豫必然得勝、得勝、再得勝。

在新的定義下，台灣獨立只是福佬中心主義自然發展的政治結論。只有一半民進黨投票人口，外界稱之基本教義派，強烈主張將福佬中心主義脫離本土奪權的概念，變成國族主義的目標。這些人數在民進黨內，佔支持者的一半；政治菁英裡頭，掌握了實質的權力，如今李鴻禧是代表。李鴻禧曾說，陳水扁如果再連任，不可以提四不一沒有，公投制憲非做不可。陳水扁處理這群人的最佳策略，便是從不否決他們的主張，給他們高位，但也不積極實踐他們的主張。他有一套精緻的兩岸關係藍圖，這些藍圖說是台獨時間表，不如說是台獨邊緣時間表，永遠走在邊緣，不跨過這個警戒線。有如臨長城，天天集兵居庸關，卻永不入關的味道。

陳水扁政治哲學三部曲——衝突、妥協、再進步，表現於兩岸關係，淋漓盡致。四年當選之前，他實力不夠，美國一施壓，不到幾天，就放棄兩國論；就職演說，美國滿意，中共可以接受。二○○二年他穩住了腳步，開始攤牌了，否認九二共識，提出一邊一國；二〇〇三年進一步實行防禦性公投。這些動作與口號，在他失敗的政績下，滿足了民進黨台獨基本教義派的願望；但口號之後，是否代表必然付諸政治實踐？以及實踐的方法，是否如北京和美國以及一些泛藍人士所預言的，必導致兩岸攤牌？律師出身的陳水扁，有太多文字遊戲策略，足以巧妙轉化危局。

即使二〇〇六公投制憲，外界全面關注的領土條款，陳水扁都還有好幾個「詭計」可以玩弄。

謀略一，既有的憲法條文，中華民國「固」有之疆域為其領土，把「固」有改為「現」有。陳水扁走了實質台獨一步，但卻充滿了創意性的模糊。中共指控他實質法理台獨，陳水扁硬說不是。從一個中文字「固」變成「現」，中共還打嗎？美國也為了一個「固」變為「現」，就支持中共打嗎？對陳水扁而言，美國、中共今天的威脅，他內心有數，他不會呆呆地明目張膽改國號，甚至不會明目張膽改領土條款，訟棍的訓練總能幫他找巧門，找一些足供支持者可以意淫，卻不觸犯美中底線的空間。

謀略二，把憲法第四條領土條文，乾脆廢了。根本不要領土條文，台灣既然不能修改一個可以符合現況的領土條款，國旗都沒有條款，領土何需條款呢？陳水扁可以大刺刺地說，蒙古或西藏總不是我們的疆域吧！但有人要打我們，我們乾脆不要這個條款。

廢了但沒說主張什麼，這也算法理台獨嗎？

謀略三，以治權條款取代領土條款。一九九一年中華民國憲法第一次大幅修憲，北京和美國等於默許李登輝，將治權和主權的概念分開。那次修憲除總統民選之外，也等於協助李登輝做出憲法的重要解釋，中華民國的治權僅止於現有台、澎、金、馬等領土。陳水扁可以逕行的將領土條款改爲治權條款，文字上甚至可以如此推演，「中華民國乃主權獨立之國家，其治權僅及於台澎金馬之領土」，如此條文算不算實質台獨之法理行動？還是未逾越北京與美國在一九九一年早就承認的台灣治權現狀呢？

陳水扁具侵略性又彈性的領導特質，除了二〇〇六公投制憲，他還有個公投法修訂可以玩，做爲他和美國北京談判的籌碼。公投法即將送來立法院重新修訂，除了外界注意的門檻降低之外，公投法修憲複決將改修憲創制。

如果憲法可以被創制，兩國論入憲，幾乎沒有人可以阻擋。陳水扁可以將美國及中共的壓力推給老百姓，讓民進黨的基本教義派，做他的鷹派後盾；然後再以收拾殘局的臉孔，化解兩岸的危機，創造籌碼。

許多人高估了陳水扁台獨決心，李敖在鳳凰衛視節目，明白告訴觀眾，「陳水扁搞台獨是騙的，說說而已，沒這個膽。」一堆網友痛罵李敖，指責他是台獨臥底的奸細。

李敖很得意，當年國民黨定他爲匪宣傳，現在向匪宣傳。當年國民黨關他大牢，說他台獨同路人；現在中國大陸民族主義高漲的學生，罵他台獨奸細。他一輩子都不是台獨，可是新舊時代，永遠是台獨。陳水扁一輩子則都是台獨，但永不眞正著手實行台獨，尤其永不願爲台獨付出自己的代價，一輩子都是假台獨。

我基本上同意李敖的結論。陳水扁與台獨的關聯，不只沒有膽量而已，對他而言，政治市場上，台獨對他既必要卻又不利。台獨實踐一旦爆發戰爭，會使他在國內失去權力，國際失去奧援。台獨只是一張牌、一張讓基本教義派把他當英雄，讓選舉過程中，神格化陳水扁市場意念的王牌。

我曾經說，福佬中心主義的政治領域裡，陳水扁是英雄，一旦離開這個領域，他就成了狗熊。政績很差、執政失敗、說話不算話、沒有公信力。爲了鞏固權力基礎，陳水扁別無選擇的必須在族群運動之旅中，不斷的扮演假英雄馬克白的角色。

他的競爭者在族群政治的領域中，更不是對手。連戰號稱福佬人，卻出生西安，媽媽東北人，開口講國語，比東北人還東北人。宋楚瑜，出生湖南，外省人。馬英九，今天唯一威脅陳水扁的政治明星，也是個外省人。陳水扁政治上主要的對手，在族群政治的正當性裡，可以被他輕易地被他成功砍掉一半底子。所以陳水扁說話不算話，騙了大

家一千次，抵過出生湖南的宋楚瑜只騙大家一次。

陳水扁的台獨市場化，策略唯一的風險不在二〇〇六而在二〇〇八。我認爲他的就職演說可以過關，甚至他的二〇〇六也可以過關。他們這一批聰明的法律人，想出來的策略，說不定比我上面的預測還要滑稽，面子和臉都不要了，防禦性公投就是個例子。

眞正的風險在二〇〇八，當下一屆總統選舉再起，陳水扁的繼任者來了，四年又過了八年，民進黨的台獨主張，像蘭嶼人曬飛魚，已從鮮魚變成乾魚了。新的領袖，不見得具備陳水扁天生玩弄政治的天分，可是，對台獨的信仰，可能比陳水扁多一分且深一分。群眾不耐煩、同志們更不耐煩了，新崛起的領袖，需要新的光芒，卸任的陳水扁，那時如李登輝話說得更大了，台獨的主張更明確了，二〇〇八的領袖不超越他怎麼成？而二〇〇八時，北京正在辦奧運，中國北京的領導者，忌憚更多了，更動不了手了。我相信會有一大群嚴肅的台獨主張者，認爲天時地利人和，這才是眞正的台獨時間表。

戰爭史顯示，歷史所以發生戰爭的悲劇，常因領袖彼此錯估。無論陳水扁多聰明、多滑頭，他現在的政治主張，有如一位高空走鋼索的特技表演者，帶著全台灣兩千三百萬人走在高空上；所有觀眾屏息驚心肉跳，萬一掉下來，一死一毀就是數百萬人；但特技表演中，陳水扁心裡明白得很，不這樣他不能獲利。

二〇〇四、五、三

# 二〇〇八台獨年

民調上，台灣想維持現狀民眾佔多數；但選舉政治動員現象卻相反，台灣民族主義主張者，無論以台灣人、愛台灣、本土或台獨的概念呈現，已佔據絕大多數台灣政治動員的聲音。

在此衝擊下，兩岸既有現狀，已是一個快要破的局。自一九七二年〈上海公報〉後，「維持現狀」（Status quo）所建構的兩岸架構，歷經幾次台灣總統直選，已注定不能維持了。兩年前開始，美國智庫相當多學者已意識此危機；儘管台灣海峽仍慢慢的流，但岸邊的時局卻已快速地蓄勢衝撞，雙方都有著不可忘懷的歷史因素，雙方都正崛起一套全然否定對方的新民族主義。

中國民族主義在二〇〇八奧運將達最高峰；台灣民族主義也在李登輝指導下定下二

〇〇八台獨之年。可預見，兩岸現狀到二〇〇八，幾乎無法維持。從一九四九年延續的內戰，隨著毛澤東、蔣介石相繼死亡而結束，新的戰爭型態卻又已興起。這場戰爭不是內戰，不是毛蔣兩人領導權的爭奪戰，而是人民對人民的戰爭、民族主義對民族主義的戰爭。前者的內戰還可以因領導者死亡結束，但人民對人民的戰爭，沒完沒了，像場大浩劫般，宣告二十一世紀台海兩岸勢必成爲世界最動盪的地區之一。

李登輝與日本學者中嶋嶺雄，三年前研判中國大陸的未來走向，他們大膽訂下二〇〇八年台獨時間表的結論。李後來曾接受*Taiwan News*專訪，他明白地說：「北京辦奧運那年，將是台獨最後也是最佳機會。」二〇〇八中國民族主義會強得不得了，除了奧運，長江三峽水壩也將完成，台灣如果不在二〇〇八宣布獨立，不能也不再有獨立的機會。二〇〇八也是中國受世界牽制最大的一年，經過四百年，中國人等到了世界奧運，全球都注目著北京，眾目睽睽下北京敢打台灣嗎？

時間順序上，台灣總統大選與美國總統大選一直同一年舉行，這是過去幾年兩岸巧妙變化中最大的偶然因素。一九九五年李登輝訪問康乃爾，中國舉行軍演，美國不能也不會坐視這場軍演繼續發生。柯林頓主政時期的民主黨明白，中國若攻打台灣，民主黨將面臨美國國內嚴厲的批判，爲了年底總統大選還能得勝，一九九六年二月柯林頓派航空母艦協防台灣。經過九六年的經驗，李登輝於二〇〇〇年總統大選前一年再提出兩國論，他知曉每屆台灣總統大選，就是最有機會多傾向一份台獨、也是美國最不得不袒護台獨的最佳時機。二〇〇〇年如此，二〇〇四年更是如此，二〇〇八還另外加了一項北京奧運的偶然因素。三個時間表，三月台灣總統大選，八月中國辦奧運，十一月美國總統選舉，對李登輝來說，三明治咬下去，台灣就獨立了。

我曾經提出兩岸戰爭時間表，當陳水扁宣布公投制憲時，台海就已確定戰爭的氣氛。熟悉兩岸問題的人，二〇〇四已感覺情勢緊迫，到二〇〇五更靠近公投制憲的時間點；二〇〇六陳水扁到底要修憲？制憲？他的權力主張此一時，彼一時，到了二〇〇六權力需求會不會又繞著他，使他又宣布公投制憲？如果二〇〇六我們好不容易喘了一口氣，陳水扁決定繼續搞修憲而不制憲，那二〇〇七呢？二〇〇八呢？二〇〇八總統選舉，民進黨不再主打台灣民族主義嗎？

簡而言之，戰爭時間表從現在開始到二〇〇八，一年比一年危險，過了今年還有明年，過了明年還有後年，過了後年還有大後年。這種嚴峻的情勢一直到二〇〇八美國總統選後才會告一段落。

李登輝的現狀改變論，有他的理論背景。他主政時，曾邀請前英國柴契爾首相訪問台灣，談一九八四年至北京與鄧小平交手的經驗。柴契爾夫人告訴李登輝一句結論，只要你同意一個中國原則，一切就完了。李登輝謹記這一點，他看到柴契爾夫人與鄧小平談判結束後，如何象徵性地在人民大會堂前摔了一跤，他不會重蹈覆轍。

見了柴契爾夫人後，李登輝勉強進行第二次辜汪會談；但他已打定主意，要推翻一個中國的架構。維持現狀基本上只有在一個中國架構下，才能存續。China as a whole並非統一兩岸主權，而是一種想像概念；台灣承認自己是中國一部分，但卻是兩岸分別治理，也就是所謂一中各表。推翻一個中國原則，現狀就失去可以永久存續的基礎，兩岸的民族主義就像脫韁野馬，各自奔騰。

如今台灣有一群人強烈主張台灣民族主義，他們相信也判斷國際政治，讓台灣有一搏機會；中國明白地看到這一點，也因此磨刀霍霍，隨時準備開戰。如何避戰成爲未來四年中，台灣最重要的政治命題。

《商業週刊》的民調顯示，台灣不到10%的人相信戰爭即將發生，這一點也不稀奇。一次世界大戰後，歷史學家布勞克（Bloch）曾描述當時的法國，一次大戰創下記錄：史上使用最多彈藥的戰爭、史上死亡人數最多的戰爭。所有歐洲人都相信，戰爭不再發生於歐洲。布拉克描述當時政治菁英及知識分子普遍對二次大戰的無知；當二次大戰第一聲炮彈響起時，他們完全沒有心理準備，只驚訝的想，「爲什麼歷史背叛了我們？」人類多數戰爭經驗，民眾都是渾然不覺的；戰爭常常是第二天打開報紙，走在街上，看到炮彈打到你家院子門口，警報聲響起，人們才知道戰爭來了。

怎麼辦？兩岸對等談判不可能，我建議走第二政府軌道。所謂第二軌道，處理國際外交，常被使用。掌握權力的人是盲目的，因爲他的權力需求，戰爭變成不可避免。第二軌道的對話，有助於避免戰爭；但傳統第二軌道的形式在兩岸沒有作用，畢竟雙邊知識分子與美國智庫成員能在政治體制內發揮的角色，差距太大。

台灣該做的是開闢兩岸第二軌道政府的統合，政府不是中央政府，而是地方政府。現在台灣縣市太小，如果可以修法甚至修憲成立北中南三個區域政府，把中央部分權力下放，一方面提升國際經濟下各不同區域最佳戰略及經濟布局；另一方面，區域政府可以與中國大陸其他地區打交道，把姐妹市的觀念放在兩岸架構中，有一個介於政府與政府、民間與民間的中介組織。它是政府性質，但不是中央，所以不牽涉主權問題，這也是最好擱置主權爭議的方式；它不是民間，所以不會低度政治化，以致像海基、海協事務談判，對兩岸幫助極少。例如台北縣市合併，經過修法修憲成立區域政府，台北縣市依法與上海直接簽訂直航協定。三個區域政府根據不同地方，在全球及中國經濟崛起時所產生的利益，決定他們與中國打交道的方式。這種第二軌道政府使中國不是整體的，台灣也不是整體的，它避開了台灣民族主義對抗中國整體民族主義架構。

嚴格而言，面對中國，目前的台灣是分裂的；有批人要與她共存，有批人寧可與她共死；有批人認爲三通對經濟有利，有批人卻認爲三通即將使他們失業。區域政府與中國打交道，可將雙邊已無解的民族主義打破。簡言之，第二軌道政府，就是把中國打成不是整體，因此兩邊民族主義的發展，都將受到限制。

毛澤東在湖南搞暴動時曾說過一句名言：「救中國就從小中國救起。」後來大前研一建立中國整體經濟理論，把日本列島計畫拿到中國，分割中國以區域經濟彼此競爭，使中國共產主義下產生競爭動能，取代市場經濟的競爭。台灣也需要列島計畫，將台灣分成三大區域政府，訂出彼此不同全球經濟策略，在非外交及國防層次上，決定如何與中國大陸打交道。

第二政府軌道基本上的意義就是擋住台灣民族主義毫無理性的發展趨勢，讓台灣社會不贊成民族主義的人，在未來四年政府的體制中，有可依靠的機制實踐他們要的主張，並阻擋他們反對的方向。

戰爭，向來不能承受；卻始終很難避免。台灣能逃此劫嗎？

二〇〇四、八、二

# Bad Girl

阿妹出道多年，紅遍兩岸。她的音樂超越國界，超越語言，但超越不了瘋人主導的政治。

五年前，CNN曾經報導張惠妹北京開唱，國際社會把張惠妹當成和平指標。兩岸怎麼鬧，總有一個美麗的女子，一個快樂的歌手，一個跳躍的身影，一段高亢的聲音，給大家和平的幻想。

但兩岸戰鼓聲近了，和平的幻想破了，最快樂的歌聲因此也跌跤了。兩岸除了歇斯底里的表態政治外，再也容不下任何美麗的模糊空間，連流行音樂也不例外。

呂秀蓮要阿妹表態，她問北京演唱會與保衛台灣，阿妹站哪一邊？相同的問題在大陸賺錢與保衛台灣，陳呂的金主們站哪一邊？她敢要許文龍表態嗎？她敢命令施振榮表

態嗎？

呂秀蓮這一次太仗勢欺人，她一大清早開口罵人，或許又只是呂氏瘋語的新一章，但阿妹在「副總統」+「愛國」的權力大罩頂下，除了流淚低調求饒，能做什麼？「愛國」之名何其重又何其輕，它可以殺人公審，也可以只是一樁小小的溫暖想念。阿妹的不幸，她活在一個沒有理性的國度，導致一個傑出的歌手，必須走得如此跌跌撞撞。

呂后莫忘，阿妹事件的源頭是什麼？就爲了四年前扁呂當選，就職典禮站台阿妹唱國歌。從此阿妹被中共貼上了標籤，演藝生涯中斷。這四年來，呂秀蓮關心過自己的官邸，關心過「嘿嘿嘿」事件，關心過能不能再繼任副元首，她曾給阿妹溫暖嗎？曾給阿妹補償嗎？曾心疼阿妹嗎？

「船過水無痕」，有些人得了便宜，還賣乖。當年阿妹站出來唱國歌，風光了扁呂，從此自己卻落得在海峽的暗潮洶湧中，自我浮沉。

阿妹原來相信她的國家，以爲時間可以遺忘一切。但她不幸地遇到一個亂世，一個由兩岸不同瘋子所共同演出的亂世，只想唱歌的阿妹，被迫陷入兩相表態的困局。

抄一段阿妹的成名曲〈Bad Boy〉

你其實騙了自己騙了我
我不想再挽回什麼
你的壞讓我不明白
你的壞讓我太無奈……

呂秀蓮加汪笨湖的瘋與壞，不只讓阿妹不明白，不只讓阿妹太無奈；她淚流滿面，低聲下氣呼籲「寬容與愛」。那一刻的阿妹看起來像站在高崗上的「副總統」，呂秀蓮反如躲在播音室裡放話傷人的政治演藝人員。

不要低估阿妹事件，任何一個想在兩岸戰火中求得平和空間的人們，都可能是下一個受害者。台商，是叛徒；大陸歌手是搶奪台灣藝人空間的入侵者，表態政治總有一天，會無限蔓延。

台灣，該有人站出來辦一場挺阿妹演唱會。讓阿妹再唱一次國歌，唱一首屬於人民也屬於她自己的國歌。那個國歌庇護的國家裡，沒有人會是下一個淚流滿面的阿妹。

二〇〇四、八、六

輯五

# 給老人

# 退場

京戲裡演員演罷了戲，半彎著腰，手握個合拳，面對觀眾，一步步往後退下；初始觀眾還看著他的臉，按著身影慢慢從光圈淡出，最後終於沒入布幕之後。這是「退場」，每個上場的戲子都得先學的戲碼。當徒弟，老師還沒教你唱戲，除了練幾套功夫外，就先學著退場。京戲裡不會退場的演員，根本沒資格上場。

政治之戲的演員卻不同，往往上場的功夫，練得好幾派獨門本事，臨下場卻不知如何而退。權力在手，照得人生如此迷幻，像一顆把玩的明珠寶物，怎麼捨得放下，怎麼回歸平凡之世？

江澤民算是中國近代史中，退得好的政治演員。他雖如鄧小平，軍委會又多幹了兩年，但鄧只是個先例。江不隨，鄧就是特例；江隨了，就成了慣例。

放在中國歷史裡，江澤民未來若眞退得乾乾淨淨，他可能給一個不打算追求「民主價值」的中共政權，立下任期制的制度。像當年幾位美國開國元首，一個在中國政治史上不可能出現的權力制度，透過政治人物對自我權力的節制，意外地被建立起來了。放在封建傳統的中國政治史中，江澤民這一步，很難得。

江澤民當然是被逼的，但他並不是沒有反擊的能力。胡錦濤、溫家寶兩人建立的「內陸中心」政治體制，沿海力量不是沒有反彈。內陸人多但錢少，沿海多金且嘴巴大；援引起來，江澤民可以引之爲權力靠山，就說幾個政治厚臉皮的話，「江胡」代表中國不同地區不同力量的平衡，所以不能退。

但是江澤民終究沒有這麼做，這一點在世界共黨政權史裡，又立下一個西方政治史無法預測的奇蹟。

中共政權與越共，是世紀上僅存兩個「改革」而未崩潰的共產政權。一九七六年毛澤東死了，一九七九鄧小平掌權。鄧手中推動了一連串的經濟改革，牽動龐大的利益衝突，在他主政十三年期間，中共共歷經了三次大的政治變動。北京之春（一九七八—一九七九），胡耀邦下台（一九八六—一九八七），天安門事件（一九八九年，趙紫陽下台），三次變動都與當時的經濟困局有關，從社會綿延至高層的權力鬥爭。鄧小平有時是改革派，有時是鎮壓派；他曾淺淺的引用西單民主牆的聯盟壓倒他已不服的華國鋒；八年後又重提政治改革，再引藉群眾力量衝破官僚派的經濟政策；因爲文革的經驗鄧小平深知群眾策略的危險性，在他有如彈弓般巧妙的權力之手，他一次又一次讓中國共產黨的政權，度過崩潰的危機。許多理論研究者，比較蘇聯、匈牙利與中國，比較戈巴契夫與鄧小平，他們提到了「國家自主性」的模式，雖然面對的大環境一致，但鄧小平領導的「國家」面對社會，表現了高度的自主性，並與其他的共產政權採取了不同的途徑，因此在一九八九年柏林圍牆的民主浪潮中，中國共產政權生存下來了。

江澤民如今選擇學習鄧小平，只多幹兩年軍委主席就退。未來中國很難再出現「做到死」終身領袖。一種逼迫退場的任期機制，在中國悄悄地被建立起來；未來誰想要對抗，當第二個毛主席，恐怕下場都會很慘。

鄧小平晚年退場之後，幾乎不問世事；他生前死後，享有了最高的榮耀，不是權力，而是比權力更有意義的歷史榮耀。一位熟讀歷史的前輩，曾這麼說著「歷史性」的結論，「世上沒有第二個領袖」；意思是，世界沒有一個人可以完全模仿前一位領袖，「領袖」是偶然的、特定歷史時空條件下的產物。

或許鄧小平瞭解這一點，他知道他無法複製毛澤東，在不批判毛澤東之下，他選擇了自己的路。他不搞個人崇拜，如今中國很難找到鄧小平個人的肖像，出生史料等都不多，他以節制的群眾路線奪權，也以節制的權力制度退場。那個主席萬歲的狂飆年代遠離了，留下上海風尚古玩市場，一個個文革商品。

鄧小平個子矮，卻給中國人建立起了真正的高度。鄧死後，我曾經說他在歷史上的地位，未來肯定超過毛澤東。毛澤東幫中國做了一個大夢，但夢最後碎了；鄧小平不給夢，只圓夢，圓一個中國人近四百年免於窮苦的夢。十六世紀曾經昂揚世界的古老中國，如今又回來了，回到世界的中心。那四百年的顛沛，終於告一個段落，鄭和時代的帆船，如今在中國沿海地帶，以新的姿態，以摩天大樓的型式，重新建立起來了。

江澤民把鄧小平的路線確定下來，這幾年鄧之後江，江之下朱鎔基，江下又是胡與溫。中國的「國家自主性」像一根交響樂團的指揮棒，每到了不同階段，就出現不同的領袖來解決問題。研究國家理論的史考茨伯（Theda Skocpol），曾描述中國的幸運，這一代的國家領袖，前所未有的掌握下一個階段的發展路線，造就了如今的中國。

因此江澤民退與不退，當然是歷史性的重點。江退了，成全了一段他自己和國家權力安排的美好演出；他不退或退得不乾不淨，中國的歷史又開始逆轉。

許多人談江澤民，「他能有別的選擇嗎？」當然有，我這幾十年來看現形政治，有發達的、有落魄的。他們一生權力起伏，總有很多難處，但最難的還是退場。不到躺下來不能動了，不到民眾無情的裁判，叫他非退不可，權力人物總不知退。

領袖們最愛援引邱吉爾、老布希的故事，邱吉爾撰寫回憶錄，寫到一半，被英皇通知組閣；老布希參議員敗選，最後還是當上總統。一張老臉，說不退就不退，他們秉持著自己頑強生命力，把社會當賭注。是的，成就一位領袖的特質，或許正是「手掌指揮棒」的自信，但樂團已走，法國號已擱下，小提琴手座位已空，權力老人還是緊抓指揮棒，就熬下去吧，「他們會回來！」

於是我們的社會出現好幾個空蕩的樂團與不甘寂寞的老指揮手，曾發達的、曾落魄的；曾投機的、曾革命的。權力的舞台，大家只會上，不會下，只會進場，不會退場。

於是民主的台灣有虛幻的民主投票，卻沒有眞正的任期制。以前的總統做到死，現在的總統做退了永不肯「權力之死」，成立學校，干預國政，要二〇〇八制憲獨立。他有權位時，要權；他下台後，還是要權。李規陳隨，四年後年輕退休的陳水扁，恐怕更不能全退了。

於是專制的中國與民主的台灣，有了一個巧妙的對換。走社會主義的，天天拚經濟；走資本路線的，天天玩意識型態；專制威權的，居然建立了一個乾乾淨淨的任期

制，民主政體的，卻只能累積一批又一批「前總統政客」。

我沒有能力像個師父般，把「學徒們」全叫來上場之前，先學退場；但至少自己眞心做到，眞心相信不會退場的沒有資格上場。我的邱吉爾與他們版本不同，我記得二次大戰後他落選那一天；他的競選大臣打開地圖，一區一區開票，於是在邱吉爾眼前，他誓死保衛的國土，一塊一塊地拋棄他；他先口中念了一段髒話，然後公開宣布：「酒店關門，我就走！」

二〇〇四、九、二十一

# 世紀大夢

這個世紀，太苦了！

二十一世紀第一分鐘，梵諦岡鐘聲響起，教宗於廣場上如此祝福二十一世紀：「這是人類從來不曾想像的和平世紀！」回溯過去一百年來冷戰、兩次世界大戰，梵諦岡天主教宗並不知屬於另一個宗教的仇恨與戰爭正醞釀著。

二十一世紀，我們結果只過了一個好年頭。網路泡沫化後，二十一世紀所代表的經濟繁榮及全球景象就露出了破綻，其後二〇〇一年九一一事件、二〇〇三年伊拉克戰爭、二〇〇四年俄羅斯悲劇，所有二十世紀中末期留下的白種人驕傲與餘孽，將新世紀的悲劇一次又一次推上極致。

俄羅斯人質事件死亡人數並不是重點，這是另一個以平民爲宣戰對象的戰爭，它比

實際戰爭還殘酷。一群高高興興開學日準備開啓人生的小孩子，只因繼承俄羅斯的血液，就必須擄獲他們生命的最終答案。他們必須以命、以死交換車臣與俄國人兩百年的仇恨。

車臣於十八世紀曾經是活躍於中亞地區最重要的回教國家，原本有個古老的名稱Mountain Country，俄羅斯帝國強起來以後，即以殘暴的方式入侵車臣。一九九三年蘇聯垮台，相關聯邦紛紛獨立成立新的國家，唯獨車臣，俄羅斯不放。俄國人不肯放車臣，在回教世界和非主流政治的國際專家眼中，是個惡劣陰謀。車臣人的血與淚，流得與波羅的海三小國不同，他們是回教徒，尤其境內擁有核武、地理位置控制黑海裏海、掌控俄國及中亞石油輸出樞紐、他們曾是十八世紀最會打仗的回教國家。車臣的悲劇自一九九三年開始，俄國軍隊入侵車臣，那時車臣的婦女站在高山上，手拉著手組成人牆，渴求和平。她們希望全世界看到車臣的悲與苦，同情他們的獨立。

但世人不爲所動，俄國坦克車輾過她們。從此車臣人誓言復仇，他們斬俄國人手指，和平組織使者也被綁架，車臣獨立分子相信，獨立的路是用血鋪出來的。

俄國入侵車臣後展開一連串殺戮，無情的西方人說，這是俄國的內政問題。車臣是一場注定失敗且遲來的獨立運動，獨立的不是時候，也不符合美國與西方的利益。在西方白人的傳統政治中，所謂人權、所謂民主、所謂美國價值，其實只是美國利益的代名詞。波羅的海三小國獨立之所以引起美國的同情，正如西藏獨立一般，代表冷戰時期，美國對蘇聯的掣肘。一九九三的葉爾欽已不是赫魯新斯基或史達林，他是美國積極交往的朋友。國際政治眼中，車臣人的獨立、車臣人的人權、車臣人的哭號、車臣婦人的人牆，都是不存在的悲劇。當西方與俄國聯手棄絕車臣時，車臣的悲劇正全面展開。

九一一之後的悲劇已經告訴我們，教宗所預言的和平是天眞的，上帝給了我們第一年的和平，隨之而來的即爲一連串的血腥悲劇。這一次俄羅斯的人質事件，專家們說背後有蓋達的影子，恐怖主義正以不同的方式國際連結，對抗以美國爲主的世界新秩序，他們攻擊的目標從政治領袖漸漸轉移爲平民百姓。過去以巴衝突，以色列追殺的主要對象爲哈瑪斯成員，激進回教分子追殺的對象爲溫和派政治領袖沙達特；平民百姓在上個世紀的宗教及種族衝突中，雖飽受戰火摧毀家園，但並非首要目標。現在他們卻成爲攻擊的要害，因爲他們手無寸鐵，因爲他們毫無準備，他們沒有安全人員，他們的痛也最有迴響。今後每一個俄羅斯上學的小孩，並不知道自己是走向墳場，還是走向一條平常的路，悲劇隨時可能再複製。

二十一世紀是個太痛苦的世紀。身爲一位堅持於和平中尋找尊嚴的信仰者，當一九

九三年俄國攻擊車臣時，我寫下了一篇文章刊登《自由時報》。我寫下了對車臣事件的觀察，它對台獨是個警惕，台獨如果符合國際政治利益，它就是可行且符合人權標準的獨立運動；如果不符合國際利益，台獨將變成一個被棄絕的運動，美國人可以坐視中國把台灣殺個片甲不留。我在那篇文章中提醒了國際政治的殘酷，以及台灣尋求獨立及尊嚴時必須與國際政治搏鬥的現實。

俄羅斯校園滿地屍袋，和我小時候想像的俄國不同。年輕時候我是個俄國迷，說起來沒什麼道理，我們這些受批判理論影響的人，總覺得俄國像一個陰晦而悲愴的草原國度；雖然學校裡天天宣傳，它是鐵幕軸心國家，但俄國對我而言等同杜思妥也夫斯基、契訶夫、大草原的詩人、齊瓦哥醫生。十八世紀凱薩琳皇后於冰原邊緣，掙扎出來的強韌文化性格，使俄國充滿魔幻。柏林圍牆倒塌後，迫不及待地在某一個八月天我去了莫斯科；克林姆林宮旁的紅場已開了好幾家與黑手黨有關的高級餐廳，我常戴的一個貂皮帽，只花了三十元美金就輕易取得；長長的隊伍如果都是女人，就是買條口紅；如果是中年男子帶著小孩，大概就等著吃麥當勞。

共產黨一九一七年革命，對所有幻想左派的知識分子，都是歷史性的大革命。一九九一年，大革命後七十多年，莫斯科幾乎沒有幾棟建築物是新的。莫斯科，一個沒有進展的城市，當革命的符號一一崩解，只留下老到不能再老的斑駁紅色圍牆。俄國人深受東正教影響，色彩有著與傳統西方迥異的神秘美學，他們喜歡寶藍、喜歡翠綠、喜歡暗紅，太淺的顏色不是俄國人的喜好。在莫斯科的日子，政府已六個月發不出薪餉，每晚十二點停電，早上六點才來電；無論吃什麼東西，除非素食，魚或肉都有股怪味。對俄國的戀眷，對共產主義的幻想，瞬間全都一空。我站在列寧墓前，一個孤單的守衛士兵，不知自己爲何還空守於此，一旁列寧雕像已被推倒，只剩基座。曾經矗立於此的偉人，他代表的主義都已倒下，像一個尚未眞正得到歷史評價的領導人物，躺在這個墓園等待審判。

我的老師，歷史學家Eric Hobsbawm曾這麼評估波瀾壯闊的蘇聯獨立運動，他一點也不祝福。民族主義的狂奔，將給世界帶來永無止境的種族、軍事衝突。這些紛紛獨立的國家，將來在經濟體上，必須仰賴俄羅斯，否則經濟水平會在非常短的時間內，完全崩潰。他的預言至少有一大半是對的，現在獨立國協大多數執政黨都是當年的共產黨，經濟體系上他們沒有走向西方。而與俄國密不可分的只剩車臣，那是一個前蘇聯時期霸權留下來不能解決的難題，因爲蘇聯投資了太多的油管、核子武器於此，不能掉到回教徒的手裡。車臣的教義傾向伊朗遜尼派，俄國不能讓擁有石油、領海、核子資源的國

度，掉在伊斯蘭基本教義派手中。於是冷戰時期的兩大霸主美蘇合作，找到共同要棄絕的地點；於是車臣的悲劇在國際秩序中透不了氣；他們被逼著走上絕路，他們從敵人身上學到殘暴，俄國的夢想及魔幻，現在只剩小孩屍體以及永遠面無表情普亭的臉。

大草原民族的歷史，從來註定悲劇。自古這個全世界最寒冷的國家，誕生的領袖一直都是民粹式的。什麼主義，永遠迴避不了民粹政治，左派也好，右派也罷，從史達林到普亭。台灣現在盛行講民粹主義，卻不知道民粹主義發源地正在俄羅斯，俄羅斯農民第一波的革命運動，就是史上第一次民粹主義。

再看俄羅斯，想想台灣還算好，至少到現在爲止，兩岸怎麼恨，都沒有車臣與俄羅斯的恨。我們的孩子還可以天天背書包到學校上學，篤定快樂回家。

窩瓦河之歌，在唱碟機上吱吱呀呀地響起，時間的灰塵把悲壯的窩瓦河染上了滄桑，更多的屍體躺下來了，隨著窩瓦之河，恨正無止無盡地拓散於灰塵之中。

世紀大夢，好個噩夢啊！

二〇〇四、九、七

# 沒有歷史的人

我們是一群沒有歷史的人。

我們現在所熱衷的歷史，並非眞實的歷史，它或許可被切割爲國民黨史、民進黨史，但不是眞實的歷史。這些以民族國家爲核心概念所建構出來的歷史，將人類眞實的經驗，切塑成片片塊塊的記憶，製造成集體的想像，並且衷心讓我們相信，這就是我們的歷史。

五十幾年來，眞正的歷史在我們的生命經驗中，被忽視了。虛擬、想像及被製造出來的歷史，卻成了共同的記憶。

到底我們活在一個什麼樣的年代？

從世界史的角度，我們正處於一個世界資本主義重新分工的年代，中國內需市場的崛起及中國勞動市場的強盛，都使得台灣在世界資本主義的經濟分工中，越來越邊陲。

兩位研究資本主義的世界史學家，一位福蘭克（Andre Gunder Frank），本行經濟學。一九六〇年代，他開始質疑經濟發展現代化，他認爲資本主義在過去幾世紀，已經由最初的中心，向外擴展到全世界；凡資本主義所到之處，全都被轉化爲最初中心的附屬性衛星地區，它榨取了衛星地區生產的物質，供應中心地的需要，福蘭克稱這個現象爲「未充分開發的開發」。

中心與衛星地區的剝削關係，在不同的衛星地區重複，衛星地區很難根據自己的需求充分發展，他們的歷史，只是衛星地區與中心地區之間關係的結果，永遠必須跟隨中心的物質需求扭曲。

另一位社會學家華勒斯坦（Immanuel Wallestein），認爲世界經濟從十五世紀晚期到十六世紀初期，已經構成一個全球性市場。從那一刻開始，眞正的歷史，就是全球性分工的歷史，無論廠商、個人、企業或區域，都必須在市場上相遇，交易所生產的物資，藉此獲得利潤。在華勒斯坦眼中，資本主義的發展和擴散，是一個互相糾結又各自區別的結果。

在福蘭克與華勒斯坦的定義中，過去五十年來，台灣地區所經歷的眞實歷史，除了二次大戰，及二次大戰所引發的中國內戰，導致國民黨政權來台外，還有七〇年代的工業發展，及九〇年代後期中國市場的崛起。其他的歷史，都只是想像的、片段的歷史。我們現在這麼執著於這些片段的歷史，說穿了，只是企圖逃避加入世界的過程，我們自絕於人類史之外；我們這麼恨中國、以致於這麼愛台灣，它既是一種舊歷史政治版圖的呈現，也是一種新政治恐懼的彰顯。

許多台灣人，痛恨統治五十年的國民黨外來政權，恨他們忽視本地語言，甚至剝奪本地人參政權。但如今，歷史無論從四百年前移民談起，或從二二八時代說起，都只是藉用性的歷史，既有論述藉用過去，逃避世界史新的發展方向。

我們之所以沉浸於片段的歷史，主要還是來自於對未來中國崛起的恐懼，這是新一波的台灣意識。與二二八之後海外台獨運動不同，比民進黨初期「新國家運動」波瀾壯闊，這種看似沉緬過去的舊式運動，他的根源不是過去，是現在；不是悲情，而是恐懼，一種面對不了已日益強大中國的恐懼。過去五十年來的舊歷史遺緒，只是讓新恐懼找到了依附的溫床。

從福蘭克與華勒斯坦的角度來看，台灣與中國，不過是兩個衛星市場勞力的相互取代，就像台灣曾經取代日本，台灣工人曾經取代英國工人，現在輪到中國大陸的工人，取代了在台灣這片島嶼上的工人。但這種眞實的歷史，衛星市場間的彼此競爭，卻被台灣人賦予了獨特的意涵，那種自己製造出來的政治詮釋，被當成了道德及眞相的全部。

談「世界只有一個」，這觀念也一點不新鮮。資本主義史早從十六世紀開始，全球的概念就已形成。如果我們更認眞的考證，西元一二七一年，第一個想辦法把世界聯結在一起的是威尼斯商人尼克羅・波羅（Niccolo Polo），他由地中海東岸出發，行經伊朗到達波斯灣上的赫姆茲（Hormuz），又由赫姆茲往東北，抵達了喀什格爾，再由舊日的絲路前往北京。

威尼斯商人波羅一行共三人，在中國和南亞長期旅行，而後乘船回歐洲，於一二九五年安返威尼斯。事情發生在十三世紀，距離現在七百五十年。那個威尼斯商人波羅，早看出了他們在威尼斯所經驗的歷史，只是片段的，於是靠著幾艘新式帆船，經歷了世界貿易的路線，親眼目睹回教徒如何藉由交易，成爲幾世紀以來世界最強盛的文明，以及亞洲的胡椒、絲、香料等；他們是第一個看到世界舞台全貌的歐洲人。

威尼斯商人的航海事件，不是孤立的冒險試驗，它顯示出早在十三世紀，就已經存在著若干力量，想辦法把幾個片段的歷史、不同的大陸拉近，威尼斯商人時代不久後，世界就成了人類活動的統一大舞台。七百五十年後，我們理應比波羅更會、更有經驗、也更有歷史感，了解世界長什麼樣子；但今天的台灣，比起七百五十年前的人，更怯懦。當年，他們拚命想把世界連成一個大舞台，如今我們卻拚命把台灣從大舞台拉出來，躲進後台的小廁所裡自憐自愛。

我們現在所經歷的鴕鳥行爲，毫無特殊性可言。它絕不是尊嚴，而是愚蠢。愚蠢的中國、自以爲是的中國、要命自負的中國，早幹過相同的事情。十七世紀的英國，爲了茶葉，遠渡重洋來中國，英國人早在福建、浙江好幾個港埠做買賣。本來相安無事，他們向中國購買茶葉、絲織品、瓷器，英國以他們的鉛、錫、及馬來海峽得到的藤條胡椒、菲律賓的稻米等作爲交換。孰料一七九三年，中國皇帝愚蠢地改變主意給英王喬治三世寫了一封致命的信：「我們什麼都不缺，我們不再需要你們國家的製造品。」從此英國人不得不付白銀，最後導致英國發動鴉片戰爭。

飲茶的習慣在英國始於一六六四年，到了一七八三年，光是東印度公司銷售的茶葉，就達到了六百萬至一千萬磅。所有茶葉都必須用白銀支付，使得英國的白銀，像慢性出血一樣流向東方。爲了對抗赤字，東印度公司決定向中國輸出鴉片，只有鴉片這種非法且致命的商品，才能爲英國帶來龐大利潤，平衡東印度公司長期虧損。

鴉片銷售後不久，價格及貨量已達茶葉的四倍，到了十九世紀末葉，每十個中國人便有一個患有鴉片癮。這是一段世界史，二十世紀初的中國文人，無論張愛玲或沈從文，都看得到中國老一輩抽鴉片的身影，那些小說片段，寫的不是中國史，而是世界史的一部分。文中看得到張愛玲父親，躺在老家煙榻上抽鴉片，張愛玲說著父親的習性，香氣讓她迷惘，也使她絕望。那不只是張愛玲的歷史，不只是李鴻章後代的歷史，它是世界史的一部分。

我必須殘忍地說，我們所建構的台灣史，在世界史甚至人類歷史中，唯一有意涵的，就是我們和中國大陸以及世界中心間，資本主義互相糾結及切割的歷史。我們卡不進世界資本主義重新分工的亞洲樞紐位置，更拒絕承認重新分工後的挫敗。我們的「國家」如果眞有所謂的意涵，就是在此重新分工時刻，政府愚蠢地阻撓台灣商人進一步國際化的角色；政府的錯誤導致台灣企業無法取得國際性企業的位置。

我們現在所看到的，上海半導體中蕊張汝京的崛起等，都是當代台灣政權在資本主義史中留下的眞實影響。它讓台積電原本世界最大晶圓代工廠的夢，不得不碎了；它讓長榮登上世界最大海運公司的企圖，成了泡影；它把台塑想做世界最大電廠的企圖，機會歸零。

四百年台灣史，我們爲它歡唱、陪它掉淚嘆息，但那終究只是意淫。那個想把世界連結成大舞台的威尼斯商人，他的經驗才是有意義的歷史；那個寫信給喬治三世的清朝皇帝，為中國寫下了衰敗；現今台灣，二十世紀末期，領導民眾抗拒世界資本主義新潮流的李登輝、陳水扁，他們正為台灣史中致命的一章撰文，兩朝共同主導了一幕恨中國的大戲，從此離世界越來越遠，終於從繁華走向了平淡。

這就是我們正經驗中的歷史。它和國史館的版本大不相同，但才是眞正的歷史。

二〇〇四、十、十二

# 最後的信仰者

看來李登輝一點都不打算饒了陳水扁。台聯立委造勢活動上，李登輝公開宣示，二〇〇七公投制憲。

李登輝和陳水扁當然是不同的，他不只言而有信，把自己的歷史性主張當一回事，對於台獨、對於制憲，他更有備而來。三年前，他宣布二〇〇八制憲，陳水扁爲了別苗頭，把時間提前了兩年，二〇〇六公投制憲；李登輝不爲所動，他知道此事急不得，得一步一步，下屆總統大選才是好時機。他計算今年台聯將成長爲二十五席，三年後再成長爲五十席。隨著台聯的崛起以及民進黨再執政，台灣民族主義愈來愈強，二〇〇七公投制憲，二〇〇八總統大選也是中國奧運前夕宣布獨立，他一生願望就完成了。

在李登輝面前，陳水扁束手無策，這是兩個截然不同的政治人物；一個長線布局，一個短線操作。李登輝的人生顯然有兩個大使命，執行也極爲徹底，一是民主化，另一台灣人意識。現在罵李的人很多，我常常提醒他們，如果從民主政治指標回頭看李登輝時代，至少就自由化的部分，我們應該懷念李登輝。李登輝的年代，開放報禁、開放有線電視、開放無線電視、開放廣播電台，他的開放不是虛擬，更非裝腔作勢，掛羊頭賣狗肉；爲了「民主」他眞的就讓這些媒體天天指著李登輝鼻頭罵，甚至幾近造謠，他都容忍。他沒有陳水扁式的口號，「我誓死保衛你污辱我的權力」；他沒有陳水扁假性招式，「媒體自由入憲」，但他眞實做到了，他衷心的相信，民主化是他的人生使命，維持權力對他固然重要，但可以用別的方法。在他的帶領之下，一九九六年蘇起回憶，當第一任總統民選之後，整個國民黨政府有一個重要的政治工程，就是徹底的執行民主化，把它當使命、打從內心實踐。

李登輝第二個政治使命從一九八八年繼承蔣經國起，就已重新布局。爲了和非主流派妥協，他提出國統綱領、辜汪會談，不過他並沒有因此滿足當時的權力狀況。到了一九九三年非主流勢力微弱後，他提出聯合國議題，此時的李登輝已超越國統綱領及辜汪會談的一中架構，開始他的前兩國論階段。一九九九年第二次總統民選，如何脫離一個中國原則，成了李登輝第三階段的主要目標，他正式提出兩國論。現在李登輝已進入了他人生處理台灣民族主義的第四階段，也是最後也是最關鍵的階段。他沒有因爲自己在國民黨內的權力失敗而認輸，他也沒因這幾年國安密帳的打擊之下挫敗隱遁，他更沒有因爲個人全國性政治聲望的低落而覺得時代不站在他那一邊，像一個頑固的老狐狸，坐在山中也好，坐在市囂塵中也好，他永遠相信他的手，可以穩穩地操縱權力的線頭，世界會隨著他演出。

他可能是最後的信仰者，也可能是最終的出賣者，成敗論英雄。如果有一天，台灣獨立了，他是台灣之父；如果制憲之路最後導向戰爭，台獨失敗，歷史改寫，甚至中國大陸因此統一了台灣，李登輝就成民族敗類，歷史上之李寇。

我曾經分析台灣現今的政治局勢，眞正主導者還是李登輝主義。這十年來，政治上與經濟上的李登輝主義，從來沒有離開台灣主要思維。權跟錢在阿扁手中，但意識型態始終在李登輝手裡，現在如此，過去四年如此，未來更將變本加厲。李登輝不像陳水扁，他不怕美國扣住他任何秘密，他手中何嘗不也扣住許多美國政要的秘密；他沒有落得和陳水扁槍擊案相同下場，把柄落美國人手中，導致必須對美畢恭畢敬；在亞洲政治裡，他一直想和李光耀別苗頭，打從心裡，他不覺得台灣小，也不認爲台灣邊緣，更不覺得自己老。自一九九六年開始，李登輝憑意志一手下棋，果然把台灣推向國際政治，抗衡中國，世界都不能忽視的角落。

台灣政治有一條眞正的切割線，不是藍綠，是支持李登輝主義與反對李登輝主義。簡單而言，認為台灣可以一搏，也認同台灣應該在國際政治上和中國硬幹的，就站在李登輝那邊；想要迴避這個趨勢，就得站在李登輝的對立面。就這個部分而言，李登輝主義者的軸線清楚且凝聚力愈來愈高；另外一面的力量卻相對潰散及不一致、沒有主軸。

李登輝主義時間表已完成，二〇〇七公投制憲，二〇〇八獨立，國號「台灣中華民國」。這在李氏幾本書中，已明白標舉。相對反李登輝主義者，不只沒有結盟，不只沒有領袖，不只沒有共同的意識型態，甚至連意識李登輝主義的重要性，簡單的該怎麼辦都零零落落。表面上看來，支持李登輝的人，只佔人口30％，另外70％不贊成；但這70％的人是散沙型的人口，在政治的發展過程中，沒有變成一種組織性的力量。這70％被既有政黨分割，包括國、親、第三勢力及民進黨溫和派人士。他們在各個不同議題中各有利害，像一盤散沙，只能看著李登輝所帶領的列車，以急速的火力往前奔馳。搭在李登輝列車上的人或許沒有站在鐵軌旁觀望的人數來得眾多，但他們有目標、有方向、有主義、有領袖，當李登輝決定二〇〇七公投制憲時，列車轟隆往前駛去，民進黨能怎麼辦？陳水扁能怎麼辦？公開反對？不只陳水扁不能，國民黨也不能反對。未來立法院的合縱連橫，國民黨需要台聯合作，國民黨內急於與親民黨區隔遠超過與李登輝區隔，他們想要牢牢抓住本土的符號；他們怎麼可能扮演前鋒部隊，阻擋李登輝的列車呢？而親民黨呢？他們的反對只是更坐實及擴大反外省人的台灣族群意識，使李登輝主義愈來愈具正當性。

從權力邏輯推演，李登輝主義有著不可擋的趨勢。李登輝主義比台灣這些渙散的政治力量都更有前途、更有張力，更會變成關鍵。民間70％的人，不想被30％瘋狂列車上的人拉著跑，必須想出解構性的方案，而不是順著既有政治邏輯。我提出「區域政府」，把兩岸的民族主義都瓦解，簡單而言，我們必須以城市瓦解國家，以區域瓦解民族。如果不用新的思考結構，兩岸對峙：台灣對中國大陸，族群對峙：外省對本省，關起門來鬥，李登輝主義當然贏，兩岸戰爭幾乎無法避免。

許多人討厭李登輝，討厭他是一回事，但必須正視李登輝主義的影響力。做一個權力人物，他有令人佩服之處，無論任何處境、任何低潮，他永遠堅持信仰，操縱所有人，布線屬於他衷心相信的長遠大局。像一名最後的信仰者，他走到老年八十幾歲，活得仍比年輕的陳水扁、宋楚瑜、馬英九等人堅定。歷史上以小搏大成功的人並不多，李登輝卻屢次達陣。他一個單人，沒派系，沒耀眼光芒，卻獲蔣經國一路提拔；他坐上繼承人的位子，搏鬥軍特系統，居然大獲全勝；他屬意的連戰落敗下來，影響力也大大摔了一跤；但老驥不伏，他又重組台聯，並看準了國際政治的脆弱點，看透了對岸「怕打」，更看穿了反對他的人如此懦弱。這位老先生如今正要帶著兩千三百萬人上天國呢！年輕他大半的我們，即使知曉李登輝主義的危險，但團結不了70％多數的人，多半束手無策！只好看著李登輝主導的意識型態，逐步取得台灣主流力量。

反對李登輝主義的人，或者更明確的說，反對兩岸硬碰硬、二〇〇八獨立制憲的人，有沒有方法？李登輝所用的，就是歷史六十年來的痛，包括二二八、外省人來台、蔣介石統治、一九六〇年後兩岸對峙以及資本家出走大陸，他把六十年的舊帳，看似非理性，卻有效的集結成政治動員「恨中國」的基礎。

最後的信仰者，儘管人生快走到了盡頭，老人的意志仍不放，他要把台灣多年蒙混的疑問逼到盡頭，戰與不戰？台獨與不台獨？在是與非、黑與白之間，你我都沒有了灰色地帶。戰與不戰，李登輝用盡了他最後的人生，仍要問我們，你站在哪一邊？

二〇〇四、八、九

輯六

# 給小人物

# 無情社會有情天

郭振洲，三十二歲，前台北市刑警，高大英俊，身高一八〇公分。五年前一次意外，他和同事黃志德被吸食安非他命者背面撞擊，一死一傷。黃志德死時，身體蹺曲於巡邏車下，頭腳易位。他死了，因公殉職，但也一了百了。

郭振洲孤獨地留下來，腦部重創，二十四小時需人照顧。他一年後出院，兩年後依「法」遭資遣，一個月只領一萬五月退俸，連請看護都不夠；從因公重殘至今，國家只給了他三百萬，買他英年殘破的一生。國家可以無情，丟了他一走了之，他的家人不能。郭振洲一家從此走上沉重的路，扛著已被社會遺忘的英雄悲劇，一天又一天照顧爲國付出一生的郭振洲。

前幾天台中三名警員被槍打了。第一個打中心臟，第二個奮不顧身還撲上，再中腦部太陽穴，第三個又站第一線，還好綁匪槍卡住了，只打中他的左手。一個優秀的刑警走了，一個躺下來，正與死神搏鬥。他們惦念無辜的市民，他們掛記警察的天職，當槍聲響起，連續一百多發，他們忘了膽怯，忘了家人，也忘了自己。

可是國家也忘了他們。讓我們看看國家回報他們什麼？

他們不幸死了，換一千多萬慰問金；僥倖活了，比死更慘。像郭振洲的例子，目前已有三名因公重殘的植物人警察。受傷的台中市葉錫財小隊長，幫我們添上了第四筆。死亡如果帶走他們的生命，至少留給家人一筆供溫飽的錢；沒死殘廢的卻不只毀了他們一生，還毀了他們全家一生。

死亡的李進富留下兩個小孩，一個國中一個國小。謝銀黨署長要認養他們，阿扁去上香。但十年後呢？學費在哪裡？安家費夠嗎？慰問金養老養小，利率薄，台幣若貶值，人生多像沒有保障的賭注。難怪李太太一到醫院，看著已然仙逝的丈夫，只問；「爲什麼要站在第一線？」

對一個勢利的社會而言，警察是小人物。光榮只是一時，總統上香只是一天，人生卻像一冊難讀的帳本，得好好算下去。警界自嘲，今日公祭，明日忘記。從一九六〇年至今，全國已有上百位殉職的員警，一個「紀念殉職員警全球資訊網」，我近日才知道，網址 http://policememorial.cpu.edu.tw，二十五頁網頁百人性命，交換了我們普通百姓起碼的平安。

看到員警的勇氣，我覺得慚愧。政治做久了，人再有勇氣，難免覺得自己傻。但看到這幾位偉大的刑警，想想早已遺忘的殉職員警，再探知郭振洲等的悲慘命運，台灣人啊，對不起英勇的警察。

請捐助需要協助的員警，台中市政府電話 04-22013173，警政署 02-23219011。請告訴你認得的立委，立刻修法，照顧爲國殉職及終身殘廢的警員。

別讓個個英勇的警察，結果保護了一個無情的社會。

二〇〇四、六、十八

# 為水喪命

偉大雖不在官場，卻永在人間。

一個基層公務員，爲水喪命了。桃園十天沒水喝，自來水公司員工吳金鈕不眠不休，三天沒闔幾小時眼，暴斃了。一個人熬著身體至此，什麼是支持他對抗疲累的力量?他的朋友回憶：「吳生前說，現在累，等看到桃園人有水喝，累就忘了！」他苦撐著半遮的眼皮，汗流浹背，同事回憶他幾度暈眩，卻只停個數分鐘，又開始工作。想著想著……等管子裡有水流出來，桃園人就高興了。

吳金鈕如果是大官，桃園人就有福了。可惜他只是個自來水公司的職員，幾十年荒懈的水利工程、無能協調水權的行政怠惰、紛亂的水資源組織、沒有長遠眼光的水源政策……一切大官的錯，都要瀕臨破產的自來水公司一肩挑起。民意罵政府，政府的大頭頭行政院怪經濟部，經濟部逼水利署，水利署只好掐死自來水公司。死了吳金鈕，慰問一下，大官們也不想想是什麼體制殺了他，繼續爲自己的承諾，再逼瘋下頭人。

我不知完工那一天，人們還記不記得吳金鈕？掌聲永遠屬於大官，只有死亡、痛苦屬於基層。

游院長或許有不得不要大夥拚老命補救的理由，十天缺水的桃園不只民眾怒，廠商還會倒，未來更有股市、政治責任等一連串效應。桃園再不來水，佔全台最高產值的桃園，沒人敢再投資，嚇都嚇死了。

不過死了一個過勞員工，總是人肉做的，政府心不痛也不悔嗎？

石門水庫建於石門大圳之基礎上，伴隨台灣經濟發展從農村時代走到工業走到高科技時代。它才是見證台灣史最核心的部分，五十年來，它的上游集水區早已過度開墾，早該下定決心重新規劃，有人做嗎？它的出水口至今仍爲灌溉出水口，地處低位，幾十年了，規劃第二出水口早已成定論，爲什麼拖至今天？

幾年來沒人敢拍板施工，因爲它牽涉農委會與經濟部的協調，水權是農民的、還是工業優先？怕得罪農民，膝蓋想的答案，一干子政府官員只好學烏龜躲起來，不做決定；而且烏龜還政黨輪替，從藍變成綠。

風災後土石攪得水庫水濁度過高數十倍，淨水廠根本無法處理；水利署連科長都早知道不等個二星期以上，水濁物不會自動沉澱，但沒人敢說實話，怕自己成了誠實的烏鴉。於是你等我，我等天；終於等出愈來愈大的災難。一場桃園缺水史，見證台灣歷史上，曾出現多麼匪夷所思的荒謬政府。

無情天地，無情政治，卻碰上了有情公務員。當大官只記得自己，忘了百姓，自來水公司職員卻只記得工作，拚上了，賣命爲家園。

悼念吳金鈕，一位淳樸、偉大且眞正善良的「台灣人」。

二〇〇四、九、三

# 阿雲，年怎麼過？

過年了，滿街熙熙攘攘的人潮，採買的、辦年貨的、送禮的、急忙回老家和母親團聚的，人潮像螞蟻一樣，匆匆忙忙，完全把前陣子吵得沸沸揚揚的總統大選、防禦性公投、紙條等議題，丟在一旁。

慶幸的，我們總算有個還不錯的年可過。股市回到六千點，國際經濟景氣短暫復甦，四年前，股市三千多點的噩夢走遠了，熱鬧的過年氣氛下，看得見打牌的老人、要紅包的小孩、忙年菜的主婦，熱騰騰的火鍋前紛紛打轉，各自想法子過個好年，壞日子走遠了，熟悉的年節味也回來了。

在台灣島上，我和我的讀者們是一群經濟情況不算差的人。過去四年，台灣經濟衰退，我們雖首當其衝受害，房地產差不多跌了三成，股價少了一半。二〇〇〇年二月，

股市的收盤價格，曾高達一萬零兩百六十二點，很難回憶吧！

四年來，還記著要和阿扁算這筆帳的，人數越來越少。怪扁、怪國際，無論怪什麼，日子總得想辦法繼續高高興興活下去。畢竟我們得以存活，還眞有點仰賴老天爺一直賞口飯吃。四年來，中產階級日子過得沒有以前平順，少了點富裕，但總算維持著差強人意的生活水平。但有一群人，約莫三十萬，四年來新增的失業人，活在貧窮線以下，主計處統計將近六十萬家庭一百二十萬以上人口，在熙熙攘攘辦年貨的人潮中，還是過不了好年。

我的朋友阿雲，在一家飯店當女侍者。這個年，她就沒我們大家講得那麼輕鬆，沒等到年關，先生就在三個月前跳河自殺。

阿雲講話嗓門比男人大，談起時局，往往比我都激動。她不需要很複雜的語言，就可以說出老百姓眞正的願望。她的告白比王永慶、林懷民、李遠哲，還沉重。阿雲每天守著她的工作，伺候餐桌上食客的需要。幾次餐會，她總是極專業地穿著全身黑色的制服，紅紅的小領帶，把兩隻手臂背在後頭。多數時刻她會看現場氣氛，如果客人擺出一副老闆架子，她即沉默不語；客人和她打成一片，多鼓勵她講點話，她會大剌剌地高談闊論，一長串比陳水扁還要流利的群眾演說。

她的肢體動作很大，餐桌上每位客人的需求，她卻服務地極端細膩。她的常客在台北約算上百，愛吃什麼，全記得清清楚楚，客人點餐時，不但每個人名字不會搞錯，連客人這會兒該換什麼菜色，上回吃了些什麼，她都有套過人本事，記得一清二楚。

前陣子我到她服務的飯店，出乎意料沒見著她本人，沒多會兒，她同事把我拉到一旁：「阿雲有事找您。」撥了電話，她哭了，嚎啕地在電話筒另一端傷心哭號。阿雲平時太樂觀，太堅強，說話比游月霞還直接，眞聽到她大哭特哭，我一下愣住、說不上話來。阿雲說，她先生跳河自殺，台北百齡橋下只留了兩隻拖鞋、一封遺書。我問她，妳確定嗎，心裡還抱著一絲微薄期望，這不是眞的。

阿雲是女中豪傑，斬釘截鐵地，是他，跳了，旁邊有人看到，現在只想找回先生的遺體。從先生跳河到她和我談話之時，已有三天，遺體仍沉河底。阿雲一度聽信民間迷信，在橋邊燒香拜天、超渡，還叫最心愛的兒子到河邊大聲呼喊爸爸名字，看能不能喚爸爸遺體回岸。

阿雲先生失業很久了，太憂鬱，以前他老說，不能靠老婆撐日子，沒面子。我們現在辯論的政治概念，對他太遙遠，他要一口飯吃，要一份工作，長年靠太太養活全家，阿雲先生覺得自己活著是家人的累贅，選擇跳河自殺。

阿雲說先生剛跳河的時候，警方通知她，她趕到百齡橋邊，望著混混的流水，好像頓悟了大半人生。小人物的世界，她每天只盯算著自己辦了多少外燴，賣了多少餅，每份業績抽點小佣金，累計累計，剛好折算兒子的助學貸款。從來沒想先生要跳河。走在橋邊，顧不得旁人眼光，阿雲喊啊、喊啊，就怕喊得不夠勁，不能宣洩心中的恨。大聲發出去，聲音跳到河對岸，沉到河底，頂好隨著那麼一丁點緩慢的水流，嚇到沉睡的丈夫。

阿雲回憶先生跳河當晚，沒月、沒星，河邊小樓黃黃的燈光，照著河面不太安分；阿雲一邊哭，一邊搖晃她的兩手，在空中猛抓，也不知要什麼，一生就這麼自己挺過來，腰桿直直地，也沒想靠什麼人，怎麼都不像個頓失依靠的崩潰女人，但阿雲當時心喊：「還是要先生！」

橋邊紅燈又亮了，溢進百輛行車，車頭兩個大燈，照著阿雲臉特慘白。阿雲一邊哭，又不知怎地空中兩手抓，兒子倒在地上，車燈太亮了，像一場臨時的法事，照得橋邊小人物，好像成了主角；但過不了三十秒，車一過橋，阿雲又陷入黑暗中。

阿雲只有小學畢業，她兒子前年考大學，考中國立大學電機系，阿雲放了一長串炮，比中樂透還高興。這位傑出的兒子，父母親心中唯一的期待。等啊、盼啊，把兒子拉拔長大，考進了人人欣羨的高科技科系，未來光宗耀祖。

有一回，我和溫世仁到阿雲服務的飯店吃飯，我和溫世仁提起：「阿雲兒子是他學弟。」阿雲剛開始還不好意思，後來便大剌剌地問起溫世仁，到底怎麼發財的。溫世仁拿著一杯健怡可樂，告訴阿雲：「我家以前比妳還要窮。」阿雲滿懷期待：說不定二十年後，兒子也翻身成上百億財產的高科技新貴。

丈夫跳河那天，阿雲的兒子到河邊，呼喊著父親；兒子淒厲的哭聲，喚不回、趕不上，來不及光宗耀祖，來不及孝順父親，最後只祈求來得及找回遺體。

阿雲本來想，兒子出頭後，自己家有點地位了。那天和她先生找家飯店吃，自己當客人，看別人服務的模樣。究竟怎麼揮霍未來的日子，阿雲有點渺茫，但她確知日子就這麼一天天過下去，今生會有那麼一天。

有一段時間，阿雲不再高談闊論。我心裡很痛，不知道能幫她什麼，就幫她打撈先生遺體嗎？跳河七天後，阿雲先生的遺體浮上河面，喚不回人，喚個形體吧。

隨著台灣經濟轉型，政府能力下降，和阿雲先生處境相同的，全台有六十萬家庭、一百二十萬人口。社會福利理論談的「貧窮線」，沒什麼高明學問，不過就是給他們起碼的飯吃。台北市一萬五千元、台灣省八千元、澎湖縣六千元，一家五口一個月的國家補助。許多女孩子過年，年終獎金買個LV包，一下就花掉一萬元，同住島上的另一群台灣人，一個家庭、一整個月就靠那個包的錢活。

過去四年，超過三十萬勞工，新加入失業。他們的處境，和阿雲先生沒有兩樣，唯一差別他們還沒有選擇自殺死亡。目前島上每年超過三千人自殺，創下了歷史紀錄。但我們感受不了，我們的政治只在爭論自己幹得好不好，股市能不能從六千點拉抬到七千點。那些死亡的無名小卒、失業的小人物，不在國家的記憶之中，他們的歷史，不是台灣人的歷史。

天還是沒黑，反而有點紅。霓虹燈卻都亮了。紅天的光中，滿街都是採買的人潮，沒空爲任何人歇著。這麼幾年來，擠啊擠地，我們很少有空再搭閒旁人，就逐漸地把某些時代裡生存不了的人，擠到河裡去了。

阿雲告訴我，過年要送我一份佛跳牆，算是對一位常客的服務。問她怎麼過，她說過年節慶，先生走了，來不及等到年關，家裡只好給他擺張椅子，就當一種象徵，等不回人，等個想念好好團圓。

年節到了，採買的人潮滿街都是，一百二十萬貧窮人口，真的到了街上一排站，不見得比迪化街辦年貨的人少，但我們已經看不到了。

阿雲，只能樣板祝福妳！未來的新年會更好！

二〇〇四、六、十八

# 不保險的健康

也就這個季節吧，兩年前，一個豔陽下午，我到中央健保總局。我不是去抗議，沒帶任何群眾，更無手持雞蛋或麥克風。一位藥廠線民告訴我們，座落台北市信義路三段中央健保局大樓十一樓，正有個大會議廳進行藥價協議。我的身分爲立法委員，更重要的是當時政府宣布健保雙漲，我身爲關心健保制度的立委，想知道誰吃掉了健保的錢？漲價並且以所得稅爲基準的漲價，對嗎？

健保屬於全國福利制度，法律上從未列入機密預算。我們接到太多投訴，多少藥商抓著立委、再抓著健保局，私下議價，每年吃掉近兩百億的藥價黑洞。我們要上樓，被阻止；硬到十一樓，警衛以兩隻手擋住，在我的手上留下抓痕；我突然發現自己在那個特權體制下，只是一個抗爭的平民。終究隔著兩個房門，我只遠遠看到排了一整排像喜宴宴客名單般厚厚一疊的資料，據說那就是不同藥品的底價，藥商們翻閱後，個別和健保局議價，決定我們老百姓每天吃的藥。

這可天才！我們知道軍火商專幹見不得人的勾當，原來藥商也是，原來健保局也是，原來醫院也是。他們把場子圍起來，像黑道圍標綁標一樣。在我關心健保雙漲之前，已有八萬勞工在醫改會及林惠官立委帶領下抗爭，其時健保局長就是現在剛下台的衛生署副署長張鴻仁。我還記得他到立法院說話高姿態驕傲的表情，面對醫改會及消費者的抗爭，這位眼睛長在頭頂上、只認醫界大老的健保局長，從不低頭面對健保內部的弊端。

立法院有個奇怪的次團體叫「厚生會」，成員多為醫界立委，當時的會長為現任勞委會副主委賴勁麟。有一天他帶領了大批立委與記者至我辦公室踢館下戰帖，要求辯論健保該不該雙漲。我的心很痛，賴勁麟在小孩子的時候我認識他，他是台大學運傑出的領袖，後來參與了台灣勞工陣線，之後進了立法院。我一直認為他是傑出而且善良的，我多麼記得當年台大學運那一輩的人曾經面臨牢獄之災，賴勁麟在中間不顧自己安危，南北奔走。到現在為止，我都還遲疑著，是什麼力量讓他可以毫不猶豫地站在藥蟲利益那一邊？

兩年前的健保雙漲，許多慢性病患者成了醫院裡孤苦無依的人球。當時既漲保費，也漲部分負擔。衛生署公開登廣告騙只漲四十元；但病人到了醫院，住院掛號費要漲、照X光片要漲、所有的檢查費用都漲。慢性病患者如糖尿病、癌症、高血壓，一個月算算，漲了快兩三千塊；凡繳不起健保費用者，健保局就扣卡，也不知道哪一屆的立法委員通過這麼沒有良心的法案，扣卡的循環利息高達百分之三十，比嚇死人的高利貸還要高；病人被扣卡，欠了區區幾萬塊，房子還要被查封。有一天，一位倒在街頭的流浪漢因沒錢繳健保費，不能看病，死了；沈富雄於《中國時報》上撰文，好心地談到制度害死了那可憐的流浪漢；沈富雄未說明，這個制度很多人有份，他也有。

健保雙漲背後所隱藏的是無能改革的健保體制，病人與消費者在這個體制下不是人，他們的聲音、他們的力量在健保局的政策思考中沒有意義。健保局聘請了很多公衛及財務專家，幾乎一致公開反對漲部分負擔，他們認爲健保是全民保險制度，既然是預付性的保險，就沒有叫病人生病時又付錢的道理。所以漲保費可以，但絕不能漲部分負擔。

健保局按照法律必須設置全民健保監理委員會，監控健保預算、決算及重大政策等。衛生署長當年卻八月三十一日先交由行政院院長宣布直接漲價，九月才送全民健保監理委員會列報告案。在全民健保制度設計下，監理委員成員包括行政院代表、專家代表、台北市代表、高雄市代表、漁會代表、勞工代表、消費者代表，其中漁會、勞工與消費者、專家代表全數反對，台北市衛生局前任局長邱淑緹代表市府簽到，但緘默未吭聲，事先離席。

從法律程序而言，健保雙漲當然違法。在處理健保雙漲的過程中，我曾試圖以信任體制的方法，包括送監察院、提出釋憲案及找出會議紀錄等。我證明健保雙漲未經全民健保監理委員會事先同意，違法；我也找了公衛學者的學術論文，駁斥漲部分負擔剝奪了病人權益，不道德。我們翻閱監察院紀錄，發現謝慶輝監委早已數次糾正藥價黑洞，到今天我寫文章之際，健保局是所有中央機關中遭監察院糾正次數最多的單位，高達二十六次。可惜他們臉皮很厚，無動於衷。大法官早在釋字第四七二號做出解釋文，健保不可扣卡，健保屬於全民保險福利性質，可以採取行政救濟的手段追繳保費，但不可剝奪基本人權。意即扣卡早經大法官裁定違法，健保局照樣一意孤行。

台灣本地人價值認知內有個潛意識，醫生是社會階級中的貴族。貴族中固有許多良心的醫生，但看著扭曲的健保，也無可奈何。兩年前他們早告訴我，心臟支架、人工關節等，沒有一處不是醫院賺取回扣的搖錢工具。我有個好朋友，自己是個醫生，她從小立志濟世救人，哪曉得現在制度把他們扭曲至此。她說被迫看到一個病人時，想到的是「我要做個眼科醫生，因爲可以重複開刀。」或是「我要做個洗腎醫生，因爲洗腎的給付最高，而且病人一上勾就永遠跑不掉。」醫界裡如果有人出面反省，立刻被全盤孤立，並且視爲叛徒。

於是國泰醫院的醫生底薪只有四百塊錢，某一個醫師到外國出差，因公摔跤，兩個月不能上班，沒有薪水。醫生成爲高級業務員，看一個病人，醫院算一個回扣，換一份業務獎金。這個在台灣曾經最高尚的行業，如今成了最不談道德的行業之一。大的財團醫院，透過市場規模業務優勢，像美國連鎖超市Wal-Mart一樣，把小地區醫院生存空間全都掃光光。衛生署每年補助署立醫院，手中一年近一百億，署立醫院院長月薪三、四十萬，卻連公立醫院的公益性質以及醫療資源分配的角色都做不到。今年台大醫學院，只有兩名住院學習醫師志願學外科，人人都要做皮膚科或整形美容科，越重症的、在傳統醫學中對人體越重要的科別，沒有年輕醫師志願學習。

蒐集藥價黑洞的過程中，我和辦公室的助理常常打扮成○○七偵探，東偷一個資料、西拿一個陳情。我自己出自本省家庭，自小有出息的小孩都立志當醫生，我們身邊到處都是醫界的親戚朋友。有的陳情案送到我手上，讓我產生人格上重大的掙扎。檢舉的對象竟是我家好友，透過醫學中心主任職位，在海外設立貿易公司，台灣的分公司看起來賠錢，實則錢都進了海外帳戶，典型洗錢模式。一個人工關節，成本兩萬六，健保局付八萬，其中價差六萬元，三萬元屬於幫忙換關節的醫生，另外三萬元就回流到這位主任海外帳戶裡。

王作榮曾告訴我，孫運璿擔任院長時代就曾明察暗訪，想改革藥價黑洞。一顆抗生素，在新加坡十二元，在香港二十元，在台灣要四十元。好的抗生素，醫院不用，偏偏用劣質抗生素，只因爲藥廠給的回扣多。但終究沒有人撼動得了這個體制，我們的藥價體制就像一個權力高度隱匿且集中的洗錢中心，經過這幾十年來的特權，早就成爲一個細膩且組織化的特權系統，它比犯罪中心還犯罪中心；並且新舊政權、不同朝代沒有差別，政治明星與政治敗類沒有差別。

一直等到總統大選前夕，民進黨意識健保雙漲，會影響大選，於是搞了自己同黨立委提案「健保特赦」；在立法院通過停止健保雙漲六個月後，行政院悄悄接受，取消逼迫病人再出錢的部分負擔。

我還記得健保雙漲攻防時，曾說一段話：「台灣的病人究竟和藍綠對決有什麼關係，民進黨爲何動員全體黨團護航？」可是古怪的很，到了表決一刻，就眞的成了藍綠對決；只是物換星移，藍的站在消費者、勞工平民這邊，綠的全站在藥蟲那邊。

健保局爲了對抗我們，搞置入性行銷，在中國時報辦座談會，出席者都是支持漲價的人，包括沈富雄。其中一位社會形象良好、令人尊敬人士說：「立法院對健保雙漲的決議是一場政黨惡鬥。」這些高明的醫生、有「良心」的社會人，面對自己醫界利益時，良心與高明都不存在了。

兩年前，號稱雙漲就不會倒的健保，現在又要倒了。這一次相對沈富雄，反而游錫堃說了暫時的良心話，他保證任內健保不會漲，健保制度內部資源扭曲的現象未改善前，健保不能談漲價。我在「飛碟晚餐」，謝謝他，支持者傳眞到電台，道：「這是妳的功勞啊，爲何謝謝他？」我回我在意的不是功勞，我可憐那些沒本事生病的小老百姓，替他們喘一口氣。

最怕的是選後，游錫堃的改革弊端之說又要全翻了，正如同他過往的紀錄。選舉利害一過，藥蟲的勢力又回來。那個時候我已不在立法院，我把以上的過程寫下來，寫一個特權史的記錄與見證。寫給現在忙著拉票與競選的立委候選人們，當你們每天站在橋頭、站在路邊一手一手握著選民之手時，不要忘了，他們也同時正將健康權交付給你們。不要選後，也忘了他們的手。

二〇〇四、十、十九

# 搖國旗的人

三二〇之後，每天都有搖國旗的人，站在總統府前景福門街口搖國旗。藍軍抗爭時，他們在；藍軍撤退時，他們在；藍軍內鬨時，他們還在；藍軍面對五二〇不知所措時，他們仍在。

搖國旗的人男女老少都有，不同年齡都曾出現。有時數十個人，有時三兩人。天冷下雨或日曬地上發燙，人數或許特別少，但總不會沒人。通常他們會站幾個小時，等後續有人接班，才卸下光榮職務。他們沒有領隊，沒有總指揮，更無排班人，唯一認得的圖騰就是國旗。旗桿約莫一個半人高，剛巧超過正常人的身影，旗面飄在空中飛起來，遮住搖國旗人的視線，好似罩住了一片天。是的，世界再不美好，揮著手臂，兩手抓著旗桿，至少此刻命運也是自己可掌握的。搖國旗後，再鬱悶的心，也終透出點氣了。

我的一位朋友，家住嘉義，四周鄰居滿是扁迷，平時內心有氣，也說不大聲。前幾天，她帶著年邁的父母北上，就到景福門旁，站在日本人留下來的台北賓館圍牆外，搖起了國旗。她的媽媽七十多歲，國旗旗桿說重不重，說輕不輕，媽媽搖國旗的手，一點也不遲緩。她大命地揮，揮得滿臉是淚；他們一家人都不甘心，不甘心日後得承認「騙子」是總統，國旗挽回了他們的人生信仰。

許多人以爲搖國旗的人，都是外省人、老榮民，這是個悲劇性的傲視與偏見。我的嘉義朋友八個世代都住台灣，三二〇毀滅了她們對人性的信仰。從來她們家不膜拜國旗，但現在這個國旗圖騰卻代表了太多寄託，誠實、希望、善良、願景、信仰。

我自小時，沒喜歡過國旗。基本上我不是一位國家主義者，我總相信「愛國運動」過度動員的背後，都是獨裁右派的溫床。猶記二十多歲看電影前，新聞局規定得先站起來聽一段國歌，我老不大情願曾拒絕多次，還被後排不以爲然的觀眾咒罵。

坦白說我們的青天白日滿地紅旗，顏色實在搭得不好，藍太深，紅太刺；對我而言，實在不符合美學的標準。

但看著三二〇後搖國旗的人，每次從景福門旁經過，我總特別看他們一眼。目光中，我想送他們祝福，更想致上我的崇敬。那是一個感人且美麗的構圖，在塵世價值混亂的角落，有幾個孤獨的身影，堅持著他們人生終極的信念。搖國旗的人，他們幫我們搖出了台灣最美麗的角落。

三一九槍擊案，又有人在「水簾洞」Pub裡編織巧合的破案小說，我連評論都懶得理。相信的人，不妨把「疑兇」請到五二〇就職大典，一起讓扁迷們感謝「勝選的關鍵英雄」。至於不信的人，下次有空路過台北景福門，不妨走下車來，也當個搖國旗的人。

二〇〇四、五、十四

輯七

# 給大官

# 邱義仁與林青霞

台灣官越大，犯法愈沒罪，檢察官愈不敢辦。

林青霞吹個印泥，變成亮票罪。北市地檢署不知想看明星，還是閒來拍馬屁，居然開庭偵辦，時隔三二〇後一個月，一點也不拖案。

邱義仁三一九槍擊記者會，明顯傳達錯誤資訊；這麼多人批評，親民黨立委甚至到地檢署告發，但同一家偵辦林青霞的地檢署，不辦就是不辦。

先談罪刑輕重，「故意亮票」最高處二年以下有期徒刑；但「詐欺操弄選舉」卻是五年刑責，公職人員並加重其刑，可求刑至七年半。

再談行爲對國家的影響，林青霞不過是知名度高的明星，和政治無關；邱義仁卻是以總統府秘書長身分，於選舉最重要時刻，投票前十八小時，不實誇大「子彈在總統身

上」資訊，操弄了全國人民的投票意向。以比例原則來看，他的行爲嚴重性至少是林青霞的萬倍。

其次談犯罪的「故意」，林青霞可能不在乎媒體看到她投的票，但並無刻意示眾。邱義仁卻是以全國唯一資訊提供者的權威地位，三次反覆重申「子彈在總統身上」。除非他能證明奇美或隨行醫師的確給了他錯誤資訊，否則犯意十分明確。

尤其呂秀蓮幾次於書面口頭重申下午二點四十九分已電邱義仁，表達總統只是輕傷；呂秀蓮也不解邱義仁的誇大不實，從何而來？所爲何來？

邱義仁的行爲，於法非偵辦不可。調通聯記錄、調相關證人，不辦邱義仁，只顯示陳定南、盧仁發都是權力的附庸者。全國檢察官無一獨立之人辦邱，卻有無聊之人辦林青霞，台灣的法律，可恥又可笑！

二〇〇四、四、二十七

# 呂氏風雨

呂秀蓮該宣布放棄《新新聞》周刊道歉啓事。原因有三：

一、呂秀蓮要的「恢復名譽」，目的已達到。她的官司並非普通人的民事訴訟，法院歷次判決，媒體早已大量報導。她沒有逼《新新聞》及王健壯等五人，再拿一千多萬登道歉啓事，逼人破產的必要。窮追猛打或純爲報復到底，都不該是副總統的作爲。

二、她是連任當選的副總統，無論爲了反制政爭或對抗性別政治，她都已達到目的。她曾說自己三一九當天逃過子彈，「天祐」呂秀蓮。上天對她這麼好，她需要對別人那麼壞嗎？

三、在民主國家凡執政者，尤其是總統副總統的毀謗官司，法院根本不受理。嘿嘿官司可以打到最高法院，純靠台灣司法不獨立，法官欠缺新聞自由的信仰。呂秀蓮曾爲民主坐牢，嘗到權力果實的她，難道覺得個人一時名譽或權力比新聞自由重要嗎？尤其她每天暗指的嘿嘿嘿事件幕後「黑手」，已牢牢地坐在院長大位。所謂手下造謠「童子軍」也已逃到國外，法院連傳都不傳。呂秀蓮把《新新聞》拖下水，打不了政治黑手，只打得了新聞媒體小手，算什麼英雌好「漢」？

呂秀蓮常慨嘆台灣媒體對女人苛薄，我同意。但當別人苛薄對妳時，你未必需苛薄對之。不能只要自己的公道，卻不顧社會的公道。

呂秀蓮常問社會，「爲什麼不喜歡她？」

幾年風雨，社會對她無情有之，有情也不少。她能用寬容的心處理《新新聞》嗎？能給台灣新聞自由再開一扇窗嗎？

或許當她能時，社會會比較喜歡她。

二〇〇四、四、三十

# 國會思考減半

國會席次減半，已成震響聲音。它像另一場教改大遊行，民粹取代專業。結果人民的思考被減半，政治的亂象卻一點也不減。

過去十年，關於國會改革大概有四大議題曾經提出來，四大議題早有合理的優先順序。第一優先：單一選區兩票制，牽涉修法。第二優先：不分區比例提高，立法委員不能只有少數屬於政策型的不分區立委，多數都是選民服務型的立委；為了提高政策預算等議事品質，不分區比例代表需提高。第三：婦女保障名額，比照歐洲，女性國會席次應達三分之一或30%。第四才是國會席次的降低。

有人把台灣每位立委代表大約98,000人與美國635,000人或日本的253,000人比，顯示立委平均代表人數太少（也就是立委人數太多）。但我們同樣可以舉出冰島的44,000

人、瑞典的25,500人、新加坡42,500人，乃至於義大利的91,000人，論證台灣的立委人數過少。不管是何種方法，都是以偏概全，而且沒有隨機抽樣。中研院學者林繼文曾蒐集一百六十三個國家國會議員人數以及人口資料，並把每位議員代表的人口數從最高排到最低，結果發現台灣排名第四十七。這些國家的中位數（median）58,037人，平均數89,940人。不管怎麼看，台灣立委人數都不是造成亂象的主要原因。

簡言之，什麼叫國會席次減半？就是把國會三寶改一寶半，把罵老師「王八蛋」的蔡啓芳，減成「王八」，少一個蛋。國會議員的選舉方式不改，政黨紀律不提高，國會亂象不會有救。

林義雄爲減半禁食，四年後國會亂象如果仍出現，林義雄道歉嗎？還是也學李遠哲，推說都是執行者的錯？

二〇〇四、三、十二

# 認一次錯

我想此刻的羅太太，心裡並不好過。

她沒有受過太多教育，沒有制度的思考能力，像任何一位剛從我們身邊擦身而過的老婦人，她只有直覺。她現在必然自責拖累扁嫂，害了阿扁。相伴十九年，從吳淑珍倒下去那一刻，她們情同姊妹；如今阿珍已貴爲總統夫人，爲報答她，給她一點小照顧，竟遭抨擊至此。羅太太躲在官邸內，心裡像個創傷者；總統官邸，庭院深深，再高的圍牆，擋不住排山倒海的責難。她鏡裡看自己，恐怕正苦嘆「小人物的命運」，早知如此，就該遠離紅塵，離阿珍歸去。

其實羅太太沒有錯，她只是一個感人而樸實的市井小民；十九年前發願照顧吳淑珍，那是一種非凡的情誼，日以繼夜污穢之事的照顧，她從沒圖什麼，也不見得圖得到什麼。

如今，她的照片、名字都成了眾矢之的，我覺得無辜且不忍。眞有錯，也只錯在陳水扁。向來操弄成性的阿扁，或許從不願向人民低頭；但這一次，他至少該跟羅太太低頭說，對不起。他有能力既報恩又不犯法，但爲了每月區區幾萬元，卻選擇了最壞的方法，害恩人也害自己。他可以大手筆買積架給兒子，買名牌鞋給女兒，爲什麼不願發跡後，依工作之需買部車配個司機給羅太太？爲什麼非得逼她爲陪伴阿珍，落得承擔羞辱軍人侵佔軍用公務車的污名？

事到如今，他可以一肩扛起承認錯誤，如我先前所說的：「錯不在羅太太，錯在阿扁」；爲什麼陳水扁選擇硬拗到底，順便胡扯什麼「士官兼差，子女殘廢，貼補家用」？

或許陳水扁自信口才太好，假的總被他演成眞的；但不要忘了，別的兩岸、制憲、軍購等大題目，民眾或者還莫宰羊，看不懂，任由他擺布；但把軍人當司機，拿國家錢請助手當看護，小學畢業都知道不妥，擅長民粹的阿扁，怎可不知？陳水扁什麼特權都要，體制內與體制外，幾億元與幾萬元，凡有的、能要的他多的不拒，少的不嫌。仗勢「台灣之子」的名號，他總覺得自己凡事都可過關；反正到時選舉，再祭「台灣VS.中國」

旗，羅太太之事只是「內部矛盾」，選民自然就算了。

但羅太太只是一個小人物，從此她要不要做人？路人指指點點，她怎麼辦？不是政治人物，沒有隨扈保護；不是公眾領袖，未必承擔得起莫名的社會壓力。藍軍罵她，綠軍也怪她害了阿扁，如果這一切都是爲了阿扁報恩，扁恩眞是難測，眞是難擔啊！

學習低頭吧！強者的哲學之一，就是錯了，敢勇於認錯。看看副手呂秀蓮「矮黑人」的例子，陳水扁至少爲了報答恩人羅太太，低頭誠實，認一次錯吧！

二〇〇四、七、三十一

# 馬爸爸的煩惱

馬英九的爸爸上《壹週刊》，父子兩人同聲煩惱；當事女子也跳出來澄清，《壹週刊》報導不實。

馬爸爸已經八十五歲，能收乾女兒，就算與她們舉動親切，不是醜聞，是趣聞。李敖評，這是馬爸爸替兒子代行視事，因爲馬英九太嚴謹了。

馬爸爸從小栽培兒子，要他做「頂天立地之人」，家訓極嚴。關於馬英九小孩時的笑話，他同輩傳言不少。他的中學同學跟我說了一段，馬英九藏「槍」打鳥的往事。原來馬英九小時候就與同學們玩槍，也是土製獵槍，但不打人打鳥，後來被逮著了，馬英九紅著臉認罪。這個故事讓我覺得犯法的馬英九比守法的馬英九可愛許多。

胡志強常抱怨馬英九除了頭髮比他多，哪裡比他「強」？他開玩笑抖落馬英九年輕時不過是個胖子，女人也不要看他一眼。每天遵囑父訓捧著英文字典，背單字、跑操場減肥。

馬英九近來動作極大，但上報的都不是好新聞。他和國民黨「本土」派立委串連，無端讓自己涉入沒有正當性的政爭。他不以明日之星的身分，化解泛藍內訌，不以泛藍最有權位的政治人物身分，整合在野。現在的他，既沾鍋又不黏鍋，未來除了幕僚、群眾、國民黨內以他為利用對象的派系成員外，沒有朋友。他當然可以學陳水扁，以群眾綁架黨，無視其他政治菁英的存在。他是外省人二〇〇八唯一的選擇，也是泛藍唯一的期望。他的確有能力忽視親民黨，一腳跨過宋楚瑜，踩著宋身上，走一條屬於他和他少數幕僚分享的權力康莊大道。

但他不是陳水扁，他不夠狠。馬英九本性善良，雖未必熱情，但沒有權力人物奸雄的壞性格。這是他的好，也是他的壞。他「殺」不了別人，卻又不理人，未來他的路途中，只會阻力不斷。政治對手他下不了決心瓦解，也無能和解，只好一路上礙手礙腳。

他身邊幕僚給他設計了一套「馬全包」的局面，二〇〇五黨主席，二〇〇六指定北高市長，二〇〇八選總統。好似藍軍全死光了，只剩馬家軍。權力是現實的，未來會有愈來愈多人挺馬。馬英九現象會籠罩後二〇〇四政局，他是唯一的寄託與信仰。拍馬屁的、押大寶的、利用他搞權力鬥爭的……人人想黏馬。馬爸爸未來不只會有更多的乾女兒，更會有乾孫女、乾孫孫女、乾鄰居、乾老鄉。兒子發了，老子怎能不發？

馬英九用他一生等待的機會，可以做一件好事，好好整合新民主力量。當然他可以學陳水扁一個人進總統府，用人民之痛，反創造光環之力。讓台灣人民未來四年，忍戰爭之苦、忍不民主之痛，只成全四年後的他。

善良馬英九與不沾鍋馬英九，兩種併存於他一人身上的人格特質正拔河比賽，我等著看答案。

二〇〇四、六、十二

輯八

# 給自己

# 當我半百

我不選立委，成爲最近身邊人的主要話題。

爲什麼不選了？我不厭其煩與朋友們說三道四，後來想想不是辦法，應該找一個三言兩語的答案。我最新的回答，想嫁人，當立委沒人敢娶，因此不選了。這當然是一個笑話，但長篇大論的實話，現在已不時興，笑話那怕不是眞的，只要它夠短，夠處理他人的情緒，反而最好。

政治是一門奇特的行業，救人很難，害人很容易。布希當美國總統四年，他救了誰？答不出來；他害了誰？人們可以列舉一長串。的確，與其把政治讓給一群壞人幹，集結成大規模的害人集團，政治寧可放些好人。但好人救不了人，留不長政治，當立委這兩年半，我常常想，爲什麼這麼多人願意幹這行？立法院値得尊敬的同仁，現在多數紛紛選擇離去，像李桐豪、殷乃平、王鍾渝，留下來的優秀人才多半也是不得已，因還沒找到更好的人生事業。

人生接近夕陽，愈明白從政的道理。人一輩子一個皮囊，不能過了一生，不只神不知鬼不覺，連人都不曉。政治是最容易出名的行業，它不需太大的能力，政治人物只消夠敢、夠機運，蠢蛋都可以吹牛成將相人才。

人生是一門很難的地圖，永遠不知道終點方向在哪裡。我選立委才四十三歲，那時算算沒關係，跟老天借個三年，幫社會做點事。可是才沒三年，年齡的數字在我人生卻起了很大作用，四十三加三，不得了，已經四十六歲，趨近五十歲。年齡的概念變成壓力，再也沒有豪情，我很怕哪一天兩眼一閉死掉了，人生的夢一個也沒實踐，只被拆解成一段又一段跟老天爺借時間搞政治的組合。

我不是唯一通向生命終點中恐慌的人。我舅舅特別喜歡看《紐約時報》訃文版，他已經是個有錢人，剛過六十歲生日。我最近和他一起搭機從美國東岸飛西岸，看完整份《紐約時報》，最有感覺的，還是最後一落訃文版。訃文，決定了一個人的一生，有用沒用，人生值不值，全看訃文。我現在如果死了，可能登個「陳文茜，四十六歲，留下六隻狗，爭議一生」。這已算運好的了，多數人都是沒沒無名，死得平淡，難怪台式葬禮吹鼓吹，號叫三里遠都聽得見。死了總引起些注意吧！

半百前與半百後的人，最大差別就在他在不在乎訃文版，畢竟多數人賺再多錢也換不到死亡紀事的版面。

三二〇影響很多人的人生，壞的影響居多，好的比較少。有一項失而復得的事，我許多朋友突然驚覺自己不知爲何而活，紛紛想提早退休。一位可愛的軍事專家朋友，一生沒存過一毛錢，有錢就出國玩，花個精光。他上個月破例到銀行放了第一筆定存，決定存個三兩年錢，離開台灣。目前他物色的落腳地點在昆明，找個便宜房子住，廉價地混過餘生。我警告他沒有計算經濟風險，例如中國工資調高、房地產泡沫經濟化，沒個五年，錢就用罄了。他一點也不擔憂，世界地圖打開，人生多的是去處，大筆一揮，再找個更窮的地方，還是快活。

我另一個白人朋友距泰國曼谷飛行四十五分鐘有個小島，他不是桃花島島主，卻擁有小島的四分之一土地。二十年前他至泰國鄉間玩樂，滿島都是熱帶樹林，頗不實際地把地買下，花了畢生積蓄一半。二十年後，泰國成爲東南亞觀光中心，他的小島發了，美麗的海岸線蓋起了飯店、villa等。他每半年到曼谷，委託律師收受租金，成了出租小島的地主。屈指一算，翻了百倍以上價値，足以養他五個後半生。他幫我築了一個美

夢，哪天不想待台灣，就去他的小島，便宜租一塊地，只消八萬美金就可蓋一棟泰式柚木造的度假莊園。

半百後的人，通常怕鬼。也難怪！想想沒多久，自己就要和他們當同胞了，多恐怖。我還差了四年才半百，但很不怕鬼。相反地，從以前就對「鬼」的行業特別有興趣。我喜歡鬼節的藝術、鬼節的宗教傳統，到金寶山，覺得那是人類最佳的居住場所；雖然鄰居不少，但不會吵鬧。我愈來愈相信這是一個商機，安排人生已走到墳墓一半的人，好好過後半生。我的軍事專家朋友，不會因爲他對世界經濟知識不足，去了昆明，又流浪他鄉；每個人都可以找個小島，隱居人生。

現在台灣最賺錢的行業之一，就是死亡事業。近幾年流行生命契約，生前告知死後該如何處理後事，名字也變好聽了，叫生命紀念館。我主張更面對的做法，不要等快死前才做這些事，半百的時候就該做，走到墳墓一半時就想。凡計畫退休者，均可擁有清楚資訊，如Investing Banker般的服務幫他們安排後半生。例如，國際經濟浪潮下，哪些地方可供我們躲閃且便宜的快樂天堂？除了我朋友曼谷的小島之外，哪一塊淨土容許我們可以五萬美金、甚至四萬美金蓋一棟莊園？人生還有哪些未竟的夢想，想當作家，幫你出版，新生命館讓你只需出點小錢，即可完成願望。印張海報，掛在家裡的牆上，寫著「台北新浪潮作家」;想當個歌星,灌不了唱片,也助你出一片專輯,封面還可以沙龍照擺個Pose;有一個專屬的電視頻道,播以你爲主的MTV、以你爲主的談話性節目、以你爲主的電視新聞,至少讓你活在一個虛擬的半現實世界中,可以完成人生做不到的夢。眞的假的在這裡都變得不太重要,You have to try,假總統都有人擁戴,你的人生何需太當眞!

我們多半人都活得太拘泥於既有之地。要生在一個地方,就非得死了也要做那裡的鬼。於是大家抱著一塊彈丸之地,爭個你死我活。有一本以貓爲想像體的遊記小說,《我,凱撒,一隻到處旅行的貓》。那隻黑茸茸的貓,度過英國的狂放歲月,在印度留下了憂鬱的回憶,曾於瑞典避難,萊茵河還搞了段小插曲,最後於「人性沉淪的庇護所」伊比薩島夜夜縱情。

我們人竟活得不如一隻貓。

美國曾有一份調查,92%的人死時抱著遺憾而去。想當演員的沒當成、想當歌星的沒唱成、想當作家的沒寫成;全世界最富有的國家,有92%的人不知自己爲何而活,遺憾自己怎麼就這樣走了。我鼓吹人到我這樣的年齡,要有不一樣的生命態度。像我,過了五十歲退休了,做什麼?住哪裡?用我的存款,足以消耗我的後半生?我可以找一個

專業的公司，幫我處理未竟的一切願望；我想住劍橋旁古堡，他代辦；我想去女巫的家鄉過兩年，他代租克里特島懸崖房子；我想要沒有後顧之憂的生活，他幫我尋覓峇里島山谷中，只花五百美元一個月就可以過的舒服生活。

任何人半百以後，都該未雨綢繆留下他的口述歷史，這比訃文好得多。訃文百分之九十九寫得莫名其妙，格式一律千篇，連念訃文的人，聲音都嚇人。新訃文主義，是一本書，也是一個人的口述歷史，生命必有精彩之處。尤其無論多平凡，人生是你的，至少你不能忘。寫一本口述歷史，一位快手，頂多口述一個月，費用二十萬，外加出版印刷等，比告別式便宜。我曾說，死了以後要設一個影音網站，用ＩＣＱ，每年回來和我特別的朋友尤其仇人打招呼，眞正做到音容宛在；這是網路時代的特殊儀式。

人生是一門大學問。當然我頑強的意志力，快到半百，還是給自己重新建立了一套理論，嘿，正因爲我老了，知道老人的需求，搞不好這正是我大展鴻圖的新開始呢！

二〇〇四、六、八

# 李永萍徵婚

李永萍爲了徵婚，上遍各大節目。《TVBS週刊》、《TVBS新聞早報》，外加趙少康《新聞駭客》。

李永萍近來凡談政治，哀聲嘆氣；說徵婚，卻眉飛色舞。

TVBS清晨七點一大早爲她徵婚，應徵來的多半六十幾歲老頭，她一點也不氣餒，今晨覓婿不成，夜夜繼續逐夢。她年約四十，身材姣好，但陳萬水曾告知，「男人覺得妳很兇」，所以普遍裹足不前。李永萍不信邪，更不信鬼，比中共五一七聲明更強硬。天無絕婚之路，她不畏艱難，拿出比國親合併更大決心，徵婚到底。凡雜音在她眼中不算什麼，她不怕成炮灰，也不想學馬英九凡事等二〇〇八，現在就徵婚。

李氏小姐的徵婚念頭是我給她的。三二〇大選後，抗爭節節敗退。藍軍內訌不已，

倒閣不敢，內鬥卻內行。有日她灰了心，沮喪地說日子不知如何過下去？我勸她，「翻盤無望，就徵婚」，結果她大笑。口雖說我跳躍思考，心裡卻已等不及驗票，跳躍得打起徵婚之旅。

她宣布徵婚，很像第三世界政變。我日前有事至美順便度假，她趁我不在，即自行宣布徵婚，還把我一起拖下水。口說我想嫁醫生，只要這個行業的男人，就以我爲優先，其餘都歸她。表面上「鞏固領導中心」，還把我當成大姐看，實際上自己全包，好處全拿。

我回國後笑她業已四十，說起來嫁人嫌老，卻把我拿來當對照組，怎麼看都顯得自己年輕美麗，居心叵測。

永萍對自己徵婚，比連戰對驗票還有信心。她與王金平同屬一派，都是求神派。王金平曾爲驗票至指南宮問卜，永萍也找個仙姑。兩者之卦都是有望卦，仙姑告訴永萍，農曆七月就有望成婚了，時間剛好也與選舉訴訟一審判決之時差不多。如果兩卦皆準，那在野黨可是雙喜臨門，公私皆翻盤。

永萍的徵婚自信，顯得她特別可愛。趙少康《駭客》關單元，一副「嫁女兒」模樣，也想成萍之美。她的徵婚成功率明明不大，可是她不認輸，眞是做到「有夢最美，希望相隨」。三二〇之後許多人活在沮喪中，我不認爲必要。民主是大家的，命是自己的。人不需向挫敗的命運低頭，更不要內心裡已被錯誤的權力打敗。我們可以有一種快樂的不服從主義。不服從不公不義，並不表示人生需活得悲憤不已。眞正的不快樂，應該屬於犯罪者，他們需遮掩，需偷偷摸摸頒獎章，需向美交六千億保護費。中國的古老道理，得到的必將失去。只要陳水扁槍擊案不是眞的，他天天都不安心。

祝福永萍，給她當墊腳石也罷。如果藍軍支持者看未來都像永萍看徵婚，「有夢最美，希望相隨」，我們的人生會更好。

二〇〇四、六、五

# 女人夕陽情

再撕幾天日曆，新的一年就到了。這年頭，撕日曆的人已不多，我難得搭個老派作風，爲自己留份日曆在桌上。我怕一整年的行事月曆，全列印一張紙上，好像人生一年就只值這麼薄薄一張爛紙。

女子活到我這把年紀，到底是四十五、四十六，還是四十七歲，其實已經毫無差別。女人過了四十會恐慌，到了四十三之後，就像夕陽緩緩下降。過了五十，已西沉，連最後一點夕陽之美也沒了。

我性子急，等不及催促黃昏歲月，尤其中年女子的寂寞，日子已盤據到人受不了。每天老想撕日曆紙，歲數也盡量多推個一兩歲，不讓自己有年輕的期待，以致覺得落寞。這是中年女子的愛情之苦。有夢是苦，沒夢也是苦；我這幾年已到了無夢境界。

我身邊有很多中年女子，無論她們的人生如何充滿自我詮釋的能力，常常找不到她們的愛。愛這個字，年輕女子渴望追尋，中年女子想愛往往說不出口，只能在永恆的匱乏與愛情的失落感中，叨叨絮絮、欲說還休。無形中，彷彿有種生命的最後渴望，催促我們全力投入失樂園中。

多半中年女子覺得繁華如夢，往事如煙，對於流逝不再的過去，只有放在記憶的百寶盒子中；有時打開，照照裡頭的菱花小鏡，把往事憶個咯噹亂響；但就那麼一下下，才剛復活的過去，就得死了，趕快重新擱下，再蓋起來。

大概沒幾個中年女子，願意像我這樣坦白，因爲中年女子其實是害怕碰觸愛情事故的。中年女子過慣了自我清理的生活模式，突然要把自己交給一段愛情關係，與一名生命裡闖入的陌生客起起落落，實在太難。中年女子過起愛情日子，常常是遲來型的。往往千萬人中遇見妳所遇見的，時間無涯，荒野千年，但就是沒早到一步，沒趕上一步，遲了。

中年再婚的女人，下場尤其慘。像張愛玲，二十四歲愛上胡蘭成，和他結婚苦了一輩子。到老赴美，總算遇到新任丈夫賴雅，結婚的時候三十六歲，四十七歲丈夫就死了，不到十一年，守寡終老至死。

夕陽情的女人，其實比二十幾歲女人，愛得既怕又癡情。我小時候很難體會這一點，總想中年女子歷盡滄桑，還會把愛情當一回事嗎？可是觀察我身邊的女性朋友，如果失戀起來，想要死或眞的會去死的，大概都是中年女子。年輕的少男少女，愛情對他們來說，好像剛吹出來的泡沫，漂漂亮亮，一下就破了，破了又接一個，每個破碎的後面，都接了個新的，再美也隨風飄走了，連記都來不及記。

眞正的中年女子，愛情觀表面冷靜，心頭裡卻已七上八下。碰上一位心動的男人，往往內心不同的盤算、害羞、掩飾，同時開唱，各吼各的，打成一片凌亂。

中年女子的愛情像靜止的戲劇。它不是沒有劇，只是佯裝沒有戲。她有一種姿態，像櫥窗裡的模特兒，木人小小傾斜的臉，眼睛只看一方，卻期待四方的眼睛全望她。

女人到了中年時期，往往比年輕女子更渴望尋找一種深刻愛情。像《失樂園》裡的女子，一個有丈夫的妻子，每天坐電車採買，下午和情人約會。她從情慾搜索到最後殉情，有點癡到一般人間男女難以理解的境界。

過了四十，我多半時刻會告訴自己，愛情人生到此爲止。回顧這一生，我的年輕歲月幾乎都埋葬在愛情中，起起伏伏，傷了別人也傷了自己。人生太苦了，有幾次我抱著陪伴我十幾年的老狗，毛茸茸的身體，暖暖的抱在懷中，我心想幾十年來，在我生命裡過客這麼多，只有牠始終沒有離開。

中年女子和年輕女孩不一樣，有人表面上大剌剌，「幫我找個男人吧！」可男人眞推到她眼前，她比一般女孩還害羞。她就是怕，怕眞愛起來怎麼辦？她已經忘記扮演小女孩角色太久了。在女人的愛情扮演中，除了當婆娘，罵老不死的丈夫之外，唯一會的，就是躺在男人懷裡裝嬌柔小女生。

中年女子的愛情觀，像疊影（double vision）。疊了一層女人的世故精幹，又疊了一層女孩的無救癡情；疊了一道中年女人才練出的耐性，又疊了一道中年才發慌的寂寞。怕傷到了，又怕老來人生太冷，就這麼疊影下去，雙重分裂的人生，表面沉靜，日曆一頁一頁撕去，心不免亂。

尤其到了一定年齡，通常漫無目的的活著。平時工作忙著，到了假日，往往看看市景，聽聽人聲，望一眼花草，再瞧一下池漁。要不小心聽得側鄰情侶夫妻吵架，就更加會心一笑。中年女子的週末，多半看報打發，悄然睏去，醒來只覺得人生色調有點灰藍了，像電影散場獨留座位的觀眾。寂寞地過了一段時間，一看錶，發現才過了半個時辰。

有一場中年婦女聚會，六個女子兩個說：「那些男人太糟了，看不上。」其中一個

則誠實說，她有自知之明，她是個癡情的人，只要跟了男人就完了，她的人生寧可殘缺也不要破滅。

我的好朋友李永萍，是這群女子中最樂觀的。她把一切解釋爲民族問題。她認爲台灣男人都不夠格，像我們這種女子就要找個外國男人，他們有足夠尊重女人的修養，有一定程度的文化教養，不像台灣男人粗魯霸道又沒水準。她不改獅子座本性，相信人生政治事業上，只要奮鬥個幾年，到了一個段落飛去國外，幾天之內肯定找得到理想男人。

女朋友陳玉慧，還眞是這樣一個例子。她活到三十幾歲悶慌了，決定嫁人。哪裡嫁呢，她說好難呀，於是在報上刊登徵婚啓事。陳玉慧後來果眞嫁了，徵婚啓事雖見了上百個男人，卻沒想過竟在德國戲院門口，一眼見到某人，直覺兩人上輩子鐵認識，七天之後就與德國人結婚了。

我特別喜歡張愛玲《金鎖記》裡的七巧，嫁給一個行屍走肉般的二爺，忍受婆婆虐待、妯娌小姑乃至丫環們的譏諷，丟掉了當姑娘時代追求的情人，只爲了等哪天二爺死了，大家庭分了家，提高她的社會地位。小叔三爺向她調情，她也只敢把愛壓在心裡。爲了圓她的黃金夢，「多少日子爲了要按捺她自己，她併得全身筋骨與牙根都酸楚了。」

終於等到丈夫死了，大家庭分了家，分家那一幕中，七巧既耍賴、大哭兼潑婦罵街，不惜得罪族中長輩，終於讓二房家產全落入自己手中。

有了錢後，她以爲開始可以有愛有情有夢，又撞見了小叔。小叔與她敘舊情時，她的情慾再度復活，那時七巧從女人突又回少女時期，低著頭沐浴在光輝裡，細細地聽音樂，細細地喜悅……。這些年了，她說，她恨他迷藏似地近不得身，原來還有今天。等小叔多說話了，她才發現原來小叔現在對她示情，只爲了哄她的錢。七巧氣瘋了，心想出賣一生換來的幾文錢，還得給眼前這負心人騙走嗎？僅僅這一念間，七巧又爆怒了，又從女孩變回女人，她動手打了小叔，小叔夾著尾巴，衣衫不整地逃走了。當小叔眞的走出大門，七巧匆匆忙忙跑上樓，跌跌絆絆不小心撞上了牆，只爲了在窗戶中再看小叔一眼。

夕陽型的女人，可能就是這樣，太精明，又太脆弱了。她的愛情給得太快，但收的也快。拉拉扯扯中，這些夕陽型女子，日曆一天撕過一天，一年老過一年，日子過得安靜又騷動，直至匆匆人生，夕陽西沉時。

快過年了，我問自己這樣好嗎？答案還是老套的精明，總好過挨在窗邊看小叔的七巧。乾脆斷念吧，從窗戶看人，還不如看我的好朋友李永萍。

只好等翻永萍愛情日曆的那一天。

二〇〇四、一、十三

附錄

# 陳文茜 對談 李敖

# 兩種回憶的遊戲

## ——陳文茜對談李敖

陳文茜（以下簡稱「陳」）：我們今天要比賽吹牛，怎麼辦？

李敖（以下簡稱「李」）：今天我會充滿了嫉妒的捧你，爲什麼呢？我們從來沒有看到一個人，通吃了所有的媒體，從寫書到廣播到電視。你除了不演歌仔戲和《蝴蝶夫人》以外，你等於通吃了這整個的世界。

陳：我可以唱蝴蝶夫人。和你說個故事，張藝謀首次於北京的紫禁城導演《杜蘭朵公主》，找了一位義大利女高音，唱到〈公主夜未眠〉時，所有的人都期待公主出現。突然一名小男孩叫起來，「這個公主好胖喔！」所以我也可以唱《蝴蝶夫人》。

李：我在台灣看到當時你們在北京紫禁城看到的那個公主的造型，我的感想是，如果這是公主，那什麼是河馬？那個聲音當然是極了不起，可是那個造型太不公主了。你的書是《只怕陳文茜》，我從來不要寫本書叫《誰來怕李敖》，因爲大家自然就怕了嘛。台灣的所謂中華民國政府，過去是不承認我是作家的。行政院文化建設委員會出了兩本書，上下冊的，叫做「中華民國作家作品名錄」，兩本書共有九百頁，裡面記錄了七百零六位作家，沒有我，可是有我的前妻胡茵夢。後來才發現這本書眞的是預言的，它使胡茵夢變成作家，使我現在變成演藝人員。不過你也不要神氣，因爲你也進不去，還是七百零六個人，永遠不會有李敖和陳文茜，或者說陳文茜和李敖。

陳：問題那七百零六個人，被他們列進去的人，可能也覺得，爲什麼把我列進去呢？這是趙少康的標準，趙少康從不讓飛碟電台參加金鐘獎，他覺得自取其辱。金鐘獎評審的眼光根本有問題，趙少康說與其讓一群眼光有問題、專業有問題的人做評審，不如自己評。不過李大哥，你不滿我的書名《只怕陳文茜》，你說自己不會寫本書叫做《誰來怕李敖》，那你爲什麼出「第一流人李敖」，還號稱自己包辦五百年來前三名？難道你不相信自己「第一流」？

我的新書爲什麼名叫《只怕陳文茜》，因爲有一次李慶華問你三個問題，第一：你爲什麼那麼怕坐飛機？第二，你怎麼那麼怕冷？第三，你怎麼那麼怕陳文茜？我簡化了他的話，學你拿來吹牛做廣告。

我問你一件事，你記不記得你年少坐船逃難到台灣來的過程中，有沒有看山河最後一眼？

我最近看鳳凰衛視拍了一部片子《大遷徙》，訪問蔣介石的專機駕駛衣復恩，蔣來了台灣以後，又跑回去重慶，以爲像八年抗戰還可以守住一個重慶，結果沒想到，日本人打不下來的重慶，中國共產黨就打下來了。他聽著軍隊都撤了，戰火過來了，身邊人對他說，委員長一定要走了，非如此不可了，蔣介石最後一刻拿了一本書，一直看著書，從沒抬頭再看大陸的河山一眼。

李：按照蔣經國的回憶，這是一段謊話。最後上飛機前，路都不通了，我後來才查出來他們說的用特殊的方法，使蔣介石到了飛機場。據我所瞭解的是裝甲車，是這樣才衝出來的，當時滿街都是難民，多少難民因此死掉了，多的不得了，所以那個走法是非常殘忍的，非常殘忍。衣復恩因爲是開飛機的，他在飛機場，他並不瞭解這個眞相，他不瞭解前面的過程，蔣介石臨走的時候，照蔣經國的說法還是在國旗面前唱了國歌才走的。可是據我考證的結果，他不會唱國歌，這是不可能的事情，整個都是一段謊話。我倒相信他上了飛機，統治的領土完全沒了，他拿了一本書，乾脆不要看了，這個我倒相信，這個是可能的。做這種黑社會的龍頭老大，在緊要關頭鎭得住，不會自己張皇失措，這是不可以的。

陳：我有一個信仰，我覺得一個人的人生要當兩個用，我很記得你五十歲的時候閉關。我自己要當這個觀念的實踐者，上半生我做一個政治人，下半生做一個文化人。

李：我比較像胡適，他一輩子不做官，可是後來人家問他，你做了中央研究院院長，難道不是官嗎？胡適說以我的身分、以我的背景，做了這個職務它就不是官。換句話說我基本上永遠是個文化人，我不是政治人物，現在即使參選所謂的立法委員，也只不過是遊戲人生的一種，這並不是不認眞，可是基本上我不拿我自己當成政治人，跟你一樣，你本身也不是。所以你說你五十歲以後才做文化人，你太埋沒你自己了，你現在就是文化人，並且是最好的文化人。

我現在開始拍馬屁，我們兩個今天應該是比賽拍馬屁，不是比賽吹牛。

陳：我覺得你會選立法委員，很大的原因，三年前你抱怨台灣把你搞小了，所以你要把自己變大，開始寫書，謝絕所有外界俗事。你給自己找了一個題目《赤裸的十七歲》，結果《赤裸的十七歲》爲你闖出一連串的禍事，把你變成「赤裸的七十歲」。我對你的心理考證，當你看了十七歲這些女孩子的人生觀，就在那夜，就在那一刻的時候，你眞的知道你老了。所以決定進立法院，因爲立法院都是七十歲的人，你不需再意識自己的老。

李：你爲什麼把我看得那麼扭曲，我就是爲了十七歲才進立法院，來救這些十七歲的孩子。他們現在被教育改革、被這種教育搞得這麼慘，他們現在變成第一代的白老鼠，接受最殘忍的、各種改革教育的試驗，歷史的改寫全都灌到他們頭上去，這批人是最慘的一批人。所以我正要來救他們，雖然他們救不了我。

陳：我還是認爲你深受打擊，就是不承認而已。

李：你違背了剛才我們倆的共識，就是我們要互相吹牛、互相拍馬，你怎麼洩我的底？

陳：今年一月，你開刀後，我至陽明山上看你，那天下著雨，風特別大，蘆葦飄動；就像跳曼波舞一樣，特別的美麗。

你生病了，下著雨，天又暗的特別快，一種悲涼的感覺。我坐在你的客廳裡，你悲傷的告訴我，我們都白活了，你記不記得，白忙了一場人生。

你接著說，文茜，你答應我，經過這次總統選舉之後，無論結果是什麼，你不要再搞現在的政治工作了，我們要好好寫自己的書，因爲我們的前提是錯的，所以你不要再做政治這些事情，把自己的身體養好。

我把你的話當話聽了，結果你自己又闖進政治來了，怎麼回事？

李：就好像胡茵夢變成作家，我變成演藝人員一樣，可能你脫離了台灣這個苦海，我卻滾進來了。其實不是，我認爲你也沒脫離，我也沒有滾進去，可是有一點我們知道是躲不掉的，就是我們一定要花一部分生命、一部分時間，跟這個島的一些事情糾纏在一起，爲什麼呢？我們是爲了爭一時才爭得到千秋，我們一定要花一部分時間，跟一時的這種情況來攪，沒辦法，因爲你看到別人的狗，你不會哭嘛！牠死你不會哭，可是你的狗死了你就會哭，所以這種地緣的關係我們躲不掉。所以我認爲對你而言，你以爲你離開了，其實你離不開，我以爲我也離開了，我也離不開。我願意花一點時間在這個地方的原因，也許我們會維持一點聰明、一點智慧、一點正義，在這個島上面。

陳：可是我自己有一種強烈的感覺，我要做我自己觀念的實踐者，我覺得台灣應該跟國際接軌，至少我自己要跟國際接軌。這個時代我可以盡力說服，但說服不了時，至少我自己要勇敢地走國際的路。我曾在宋美齡死的時候，看她的一生，其實人的一生總有一個很短暫的時間，像宋美齡，她莫名其妙的上了美國國會演講台，她的生命眞正最光輝璀璨就是那一刻，從此再也沒有了。

李：我讓國際來跟我接軌，所以我認爲，山不朝穆罕默德的時候，穆罕默德可以朝山嘛。假使我們做這樣解釋，可是我認爲不要忘記，那百分之五十的人，嚴格講就沉默的大多數來說，可能還不只百分之五十。只是百分之五十投了陳水扁票而已，可是他們投陳水扁票的原因，不一定是因爲喜歡陳水扁，他們可能對另外一個系統、另外一個顏色太失望的原因。所以眞正的沉默大多數可能超過了百分之五十，我的意思是我們希望他們來接軌，還是我們躲不掉，我們必須面對這個問題。

陳：法國的前任總統密特朗，曾和一位專欄作家對談，後來出了一本集子《兩種聲音的回憶》，我們今天做一個「兩種回憶的聲音」，因爲我發現，自己有一種錯覺，好像我們當年的朋友多數都成了我們的敵人；不是我們把他們當敵人，而是他們把我們當敵人了。

在總統大選罵我罵得最難聽的，是翁金珠，翁金珠的先生是劉峰松。當年他先生坐牢的時候，你最認眞幫他忙，我最認眞照顧他的人之一，我常到永和他家裡頭看他們家人。翁金珠在彰化縣選省議員時，我們幫她忙；現在她覺得我們是她的敵人。你怎麼看？

李：你談到了翁金珠、劉峰松，你還記不記得，那時候你從美國回來，我們一起在天橋飯店吃飯。當時我跟劉峰松一起坐牢，劉峰松後來跟我分開了，我先出獄，我就照顧翁金珠，還送錢給她。她那時候教小孩子鋼琴，怎知後來做了民進黨的立法委員，就變成了悍婦。所以我後來有一次跟她吃飯，我說怎麼回事啊？廣告上說學鋼琴的小孩子不會變壞，可是教鋼琴的老師卻變壞了！

他們爲什麼對你仇視？或者爲什麼我們變成他們的敵人？因爲他們跟不上我們，我們走得太快的時候，他們跟不上。跟不上的時候，他對你就會出現兩種態度：第一是忘恩負義，第二就是把你設定爲敵人。這樣他才能夠解脫，所以我們當然能夠理解這個情況。

妳這麼有感情的人，民進黨不會念妳之情，民進黨還是永遠在你肩膀上不斷的插刀。在過去很多的處境裡頭，如林重謨罵你是妓女，是國親在挺你；民進黨裡頭連像蕭美琴這種你在嘿嘿嘿事件幫他講話的女人，都沉默不語，這個黨你已經不能對它有感情了。

這就是爲什麼我做立法委員會比你做得好的原因，我不會在緊要關頭這麼樣子舊情纏繞，這樣子感情用事。有一次我跟十七歲的小女生吃小火鍋，忽然過來一位女孩子，他說李伯伯，你還記得我嗎？我說你是誰？他說我是姚雨靜（姚嘉文的女兒），他遞個名片給我，他說過去感謝你幫了我媽媽，在我爸爸坐牢時候幫了我們那麼多的忙。而我的感想是，當時幫忙是正確的，因爲你們在受難。當時姚嘉文爲什麼早出獄？因爲有周清玉那一票，國大代表那票投蔣經國，換取姚嘉文投降早日出獄。他們這些人，我知道一離開了反對的基本軌道以後，他們就不可靠了。所以姚嘉文出來選院長時，已經完全是不可靠的一個人了，這個時候你還被舊的感情牽累，覺得必要時候我會投你一票。我認爲你做得太痛苦了，我們必須要承認甘地所說的，「一個人爲了眞理，要常常犧牲朋友。」也要想到列寧的話，「一個不可靠的朋友，就是一個敵人。」只有這樣子，才能面對這個局面，否則我們活不下去，太痛苦了。

陳：我們不需要因爲一個人過去的歷史貢獻而尊敬他嗎？我同意民進黨上台以後，大家應該用一個執政黨的標準去監督它，可是就一些個別的人來講，如果他做出了特殊的歷史貢獻跟犧牲……他不是陳水扁嘛！陳水扁是收割者，姚嘉文再怎麼樣，他跟張俊宏跟黃信介比，的確在牢裡頭的表現沒有他們好，可是他比起陳水扁，比起國民黨這群人來說，他的歷史貢獻、他爲這個社會犧牲，某個程度應給予肯定。對台灣社會的無情健忘、沒有是非，以至於沒人願意再爲這個社會犧牲，我是不能接受的。我對姚嘉文的標準是這麼來的，我記得他的貢獻，雖然他現在可能是王八蛋，但他曾經不是王八蛋，因爲他的曾經，以及他的某些貢獻跟犧牲，我願意少罵他一些。

李：可是會有什麼結果呢？他變成了另外一個王八蛋，比國民黨還國民黨，比國民黨還壞。反正我就認定了，坐考試院長那位子的人，橫豎都是王八蛋。你別忘了那句話，宋朝陸放翁曾說，本來無事只庸擾，擾者才是非庸人。庸人自擾是很可怕的，現在不是庸人自擾，我們這麼痛苦的原因，是一些能幹的人、一些酷吏在自擾，就像陳定南假裝成包公，你知道多恐怖嗎？包公在宋朝歷史裡面是「包拯笑，黃河清」，就這個人絕對不笑的，任何紅包都進不去的，這麼一個嚴格的人。嚴肅的人哪裡像陳定南這種小人的笑法呢？我再換一個人，他能夠比陳定南就好，這的確不一樣的，五十步跟百步是不一樣的。

陳：我每次都捧你，現下要跟你算帳。這裡有一本書《文茜小妹大》，三年前出的書，第一篇李敖寫的序，標題「分個第一給她」。你說我李敖願意讓步，分個第一給陳文茜，談到文采和口才，李敖是男人中第一，陳文茜是女人中第一。兩人中除非一人變性，永遠不發生誰爲第一的問題。

李：這是我兩次開刀後的肚量，總不至於第三次開刀做變性手術吧。

陳：可是後來我看你出的書，你還是宣稱你是永遠的第一，而且一流人裡頭的第一，不限於男人，五百年來第一、第二、第三，都是李敖包辦。

在中國大陸，你現在非常有名，我去那裡完全沾你的光。他們問我，李敖說五百年來他包辦第一，你怎麼看？我說沒關係，五百年來他都是第一，只要第五百零一年我第一就好。

李：我記得一個作家叫羅勃·班七力（Robert Benchley），講過一句話，他說我費了十五年的時間，才發現我沒有寫作的天才，可是太遲了，我已經成名了。我覺得台灣除了你和我以外，這些作家不叫作家，他們都是屬於十五年以後開始反應的人。爲什麼我講這種話，就好像曹操跟劉備講話一樣，天下英雄就你跟我。我爲什麼肯定你？因爲你的書寫得極好。你說你五十歲以後才是文化人，錯的，我認爲你的文字能力跟你的講話能力是平行的，只是被你自己忽略了，或者被你自己耽誤了，所以到今天爲止，我覺得你的作品太少了，量太少了。

陳：你出書，著作等身。我到現在爲止，嚴格來講自己寫的書才出了四本。

李：這太少了，跟你的李敖大哥大一樣小，書堆起來只有超過李敖大哥大的身體。你雖然寫那麼好，可是你太懶了，或者說你時間比例不對，分配不對，你花了太多時間去享受人生，或者去講話，或者是做節目，諸如此類。所以我認爲你的生涯規劃寫作上的比例不好。

陳：我告訴自己，以後要把大多數的時間花在寫作上面，我要把時間放在跟文化有關的創作上。我有一件事情是比你好的，這件事情我絕對非常自信，這點你比不上我的，我是一個非常好的創作者。我的創作不一定是文字的，我對影像十分敏感，我的文字裡頭有非常多影像的元素，你不過是順口溜。

李：你完全忽略我了。我看到你最新文章〈嗅覺人生〉，寫得那麼好，可你知道我也可以寫一篇〈嗅覺人生〉嗎？我告訴你一個故事，你聽不到這麼好的故事的，所以你不會寫出這種故事的嗅覺人生。上海有個名人叫王小籟，跟杜月笙齊名的，他最大的特色就是有五十五個兒子，他是非常多產的一個所謂地主惡霸。他的一個兒子到了台灣，做了空軍，當然是處於蔣介石天下的一個空軍，他又生個兒子，就是王的孫子，這個孫子後來講給我聽。他小的時候早晨睡得迷迷糊糊的，他爸爸每一次要坐飛機出去的時候，就假設自己可能回不來了，所以他把自己弄得很乾淨，擦上一點香水，那種男人用的香水，然後把在睡覺的兒子抱起來，親他。所以這個兒子回憶裡面老是迷迷糊糊的，被爸爸抱起來，香噴噴的爸爸在親他，就這麼一個故事。

他的人生就是嗅覺的，他閉著眼在睡覺，可是聞到的就是爸爸的味道，所以他爸爸對他而言就是聞到的爸爸。你想想看，這多麼動人的一個故事，就是當時的台灣這些外省族群，他們爲了，就說保護台灣好了，他們出生入死，最後換得什麼？換來的結果五大信念都不見了，主義、領袖、國家、責任、榮譽，包括自己的青春跟生命都沒有了。他們的空軍眷村裡面，常常有人飛出去以後就回不來了，也許回來以後吃晚餐時桌子上面就少一個人，所以眷村裡面那些女孩、那些太太們，和這些聞爸爸香氣的、聞味道的小孩子們，他們怎麼成長的？你在你的〈嗅覺人生〉裡面，寫得那麼好那麼動人，可是你忘了眞實的嗅覺人生，有這種悲慘的故事，只是你聽不到這種故事，所以你不會把它做為資料寫出來，而我聽得到。

陳：我們這一輩的人，出身背景與你不同。你信手拈來太多悲劇的故事，我們這一代的人是喜劇派的。我們就在吃喝玩樂裡長大，吃喝玩樂裡區分出悲與喜。悲劇是一種想像。

可是我現在覺得悲劇就在眼前，就在這個時代，就在台灣，就在世界慢慢發生。這是我看到阿扁跟布希當選的一個感慨，人類其實多數的時代都在戰爭，很少擁有和平，因爲人是好戰的，而且人是蠢的，總把自己逼向戰爭，等到戰爭太痛苦的時候，才想辦法求取一點妥協，慢慢走向和平。可是人那麼蠢，這裡頭最蠢的是什麼？最蠢的就是民族主義，所有的戰爭幾乎都是爲民族主義、爲宗教而打的，人類爲了這兩個蠢到了極點的想法，打到最後，殺到所有的人片甲不留。人爲了信仰而戰，而這個信仰又毀滅了人。所以我從來不覺得什麼上帝、阿拉做了什麼好事，反而祂做了太多的壞事。賴聲川曾找我演舞台劇，賴聲川本來叫我想想一些屬於上帝的觀念，我說如果要演上帝不如讓我演閻羅王，爲什麼？因爲閻羅王沒有叫別人打過仗，人類沒有一個戰爭是爲閻羅王發動的，閻羅王沒有做過任何壞事，閻羅王只是讓一些壞人遭受懲罰，閻羅王多麼好，不如崇拜閻羅王！所以我跟你們很不一樣的，你剛剛提到的，是很動人的故事，但我們是吃喝玩樂長大的。我寫嗅覺人生，寫托斯卡尼的野豬與狗，造成了我們的長處。

李：但你寫你外公那段寫得極好，你那個共產黨外公，因為你那個故事有基礎，有事實與情感來加強背景基礎，假如你沒有這種基礎，你的寫作範圍永遠是在一種很淵博、很細膩的情節，可是你缺乏了這種具悲劇感的故事。你剛才也講，你覺得這是沒有意義，或者是錯誤的、愚蠢的，可是你不要忘了，人類幾千年來都是為這些主題在拋頭顱灑熱血，坐穿牢底，橫屍法場，包括你外公，兩頭坐牢的這種外公。

陳：不只我的外公，我認為你的兒子、你的女兒，還有我們這一代當代的人，就準備進入我外公當時的年代，台灣那種承平的吃喝玩樂的時代，已經快要結束了，我的上半輩子那五十年，是台灣最好的日子。我以前二十幾歲在美國的時候，看到台灣一天比一天好，一天比一天富，一天比一天民主，每天進步一點點，你以為這個時代是直線往上發展的，後來知道時代與歷史不是這樣走，它是會像拋物線一樣墜落的。這幾年我們就看到了，台灣變窮了，台灣變邊緣化了，台灣的民主一天一天倒退了。我看到現在兩岸的局勢，我覺得我要再提起筆，因爲政治人已經救不了瘋狂，他本身就是瘋狂的一部分。

李：這是我進步的地方。我跟我的意識形態，是屬於你外公那一類整天談國家民族、救國救民的這種人，可是我承認現在應該是追求眞正馬照跑、舞照跳的時代，我承認是應該過這種生活，可是這樣搞下去，這種生活都沒有了。

陳：你一生著作等身，可是只有一本書得到最好名聲，《北京法源寺》。我最近最想寫有關慈禧盜墓。我現在對孫殿英盜慈禧墓之謎充滿了想像，我對此著迷。

慈禧的墓後來被軍閥孫殿英盜挖，盜墓者非常害怕，因爲他們覺得慈禧這個女人太壞了，他們偷墓可能被下毒。他們半夜進去，後來找到一個曾蓋墓的老工人，告訴孫從這個洞打下去就是，才讓他找到了地宮的入口。

後來孫殿英進去找的時候，太匆忙了，他怕慈禧怕到連死了以後還怕。結果慈禧的身體從墓裡頭被拖出來，丟在地上，臉趴向地面，上衣都剝光了，嘴巴裡的明珠一被挖出，牙齒掉了滿地。溥儀後來跑去看慈禧的死狀到這個地步，跪著俯拜天地大哭，那一刻他才眞正體會，清朝之亡，亡地多麼徹底。

李：可是這跟歷史事實不合。

陳：那有什麼關係？你的《北京法源寺》跟歷史事實也不合。

李：我承認那是小說。我告訴你爲什麼我寫那個書？芬蘭的音樂家西貝流士，曾因爲被人家批評覺得很痛苦，他老師便跟他說，你不要難過，所有給人家立銅像的人都不是批評家，批評家永遠不會被立銅像。像龍應台這種人，永遠不會被立銅像。你必須要有創作，這就是我要寫小說的原因。我寫《北京法源寺》，寫《上山上山愛》、《赤裸的十七歲》，都是因爲我覺得我是個創作者，我不只是一個批評家，雖然我是好的歷史家、思想家，可是我不願意做一個批評家。所以我認爲文茜你在五十歲以後，你的寫作範圍請在寫小說上。如英國首相狄斯雷利所講，當他想看一本小說時，他就寫一本小說，不要看別人的，因爲他的水準已經非常高了，這是我對你一個最大的讚美。

陳：我選慈禧有我的道理，你爲什麼選康有爲，那個時代的失敗者？

李：康有爲跟慈禧像在一個銅板上面，一個正面一個反面，你覺得你跟他脫離，你完全走了，但沒有的，你跟他仍在同一個時代裡，他正你就反，他反你就正，他跟你糾纏一輩子。就像我跟蔣介石的關係，像我們跟所謂國民黨的關係，或者跟黨外就是這種關係。

原來我們跟他們在一個銅板上面，我們一直要擺脫他們，現在至少我們努力擺脫到，我們只願意花一部分時間在他們身上，或者在這個島身上。因爲我們要往世界去走，當我們向世界走的時候，我們才發現有人在攔我們的路，過去國民黨是攔路虎，現在是攔路鼠，不管是老虎、老鼠或攔路狼，豺狼當道，就是因爲他擋住你，所以我們要推開他，推開他的過程裡面，我們需要花一點時間，或浪費一點點時間，這是我們必須有的心理準備。

陳：「李委員」，你眞的不在乎我任命我的狗兒做你的總幹事嗎？那個李敖大哥大，我先問你，當你聽到我把牠取名叫李敖大哥大，你覺得我很推崇你，還是很恨你？

李：這是陳文茜玩世不恭的一面發作而已。

我覺得你沒有侮辱人的意思，因爲你太喜歡狗了，狗就是你的命，並且狗是你的上帝。

我所以跟你交朋友的重要原因，就是我現在七十歲了，我比你大這麼多，我死了以後，我覺得你會幫助我流傳我的思想，這才是我跟你這樣子交朋友的目的。我看到你的一個節目表，你說我是統派，你是Apple派，蘋果派。我是Apple-polish派，就是拍馬屁的那一派，跟你的蘋果派也很接近。

陳：很多人問我到底是統派或獨派，我很坦白告訴大家，我什麼派都不是，我寧可當蘋果派跟檸檬派，我非常反對民族主義。

李：不能輕易反對這個東西，否則下場一定很慘，反對這個，你在大陸不是人，在台灣也不是人！可是贊成民族主義的人也不是人。曾經有人拋棄美國國籍，做了世界公民，有人這樣試驗過，很勇敢的試驗過，但下場很悲慘。這個東西你無法碰它，就好像愛跟慾一樣，沒有慾哪有情？沒有肉哪有靈？你不能說我只要情，我只要靈，那是不可能的事。沒有了民族主義，哪有我們能夠坐在這裡。所以我認爲那個東西，你無法消滅他們，你必須面對他們。

陳：我沒有消滅，我只是不願意害人，民族大義會殺人的。我到美國學民族主義，看我外公那一輩，他沒辦法選擇，他在日據時代長大，出生於一個非常富有的台中家庭，讀了幾年書以後，到日本去。他自認中國人，不當日本醫生，又跑到中國大陸。先到了上海，後來又到了北京，想辦法要念北大。我外婆老笑我的外公講了一口亂七八糟的國語，沒人聽得懂，可是他多麼認眞的想學習當一個中國人，他對祖國充滿了感情。

在北京，清晨五點鐘，看到許多人排隊爲了上廁所，對我外公這種人不能夠想

像，一個城市裡頭，這麼多人家裡沒有毛坑。他說，中國人太可憐了，我外公從此成了共產黨的信徒，他參加了五四。後來在台灣的爸爸知道了，發個電報騙他父死了，快回奔喪。回台灣後，就變成一個抗日分子。

他與好友們共同組成台灣文藝聯盟，他是創辦者之一，有個筆名何光天，寫隨筆，文字能力不太好，他同一輩的文學家楊逵、賴和，倒是有點文學地位。楊逵曾經回憶，我的外公曾說沒有楊逵，「台灣文藝」不會成功，我外公自己跑去山上，把正當樵夫的楊逵請下山來。

楊逵二二八後坐牢，記得早上十點多我家總有一個女人會來賣玫瑰花、蘿蔔，那個人叫葉陶，就是楊逵的太太，他們都是非常傑出的台灣人。我們現在這些立法委員的女性，哪裡比得上他太太，比不過那一代的女性。葉陶站在台中垃圾矮牆上，她穿著長長的裙子，爲了引起路人的注意，就拿裙襬甩來甩去，鼓吹新生活運動，多麼前衛的女性。

我的外公就是一個這樣背景的人，他多麼愛他的祖國，他愛中國愛到自己的人生、青春統統都被改變了。我的媽媽跟大阿姨是他最疼的兩個女兒，當時就穿了黑皮鞋、白襪子迎接國軍來台。一直等到二二八，中國人殺了他的親人，殺了他的朋友，關了他的朋友，他完全變成一個恨透中國的人。我的外公曾說誰嫁外省人就把他剁給豬吃好了，他的人生在不同的民族主義裡擺盪，太痛苦了。我瞭解我外公，瞭解那一輩受苦的台灣人；我不瞭解李登輝，因爲李登輝從來沒有被任何人出賣過，都是他出賣別人。我的外公唯一成功做的事，就是他把我媽媽養成一個慓悍的女人，然後我爲了在媽媽底下求生存，也變成一個慓悍的女人。

李：可是你想想看，當時他們那麼優秀、那麼聰明，這是他唯一的選擇，他要躲開日本人，一定選擇祖國，選擇祖國的下場，他還是好的了。他不像你另外一位長輩最後在停屍間裡面醒來。

陳：是我的七叔公，他跟著謝雪紅，二二八後逃離故鄉，去了大陸。文革的時候，第一次以爲他死了，他醒來在太平間裡頭，把他嚇死了，趕快從窗戶裡頭爬出來。

李：這都是你們家幹的事，爲什麼呢？就是在經過擁抱祖國的過程裡面，最後你們輸了，鬥輸了，可是最後也沒辦法，就是你們抱得不夠緊，還是要繼續抱，就是這樣子。因爲你只有抱住他，他才不會打你，因爲敵人無法打一個抱住他了的人，不過當時的所有的台灣人，都是被鬥的。

陳：我問你一個問題，如果二〇〇六發生台海戰爭，怎麼辦？

李：這就是阿基米德，爲什麼在戰爭裡面，他那麼優秀的人、那麼智慧的人，會被亂兵殺死，跟著倒楣嘛！爲什麼古人講，危邦不入，亂邦不居，你要居在亂邦裡，你就要面對一起倒楣，就這麼簡單。雖然我也努力防止，我在我對大陸的節目裡面，把大安區的地形特別的向大陸展示說，就在一〇一高樓旁邊有個樓房，那就是我家，你們打飛彈請客氣一點，不要打到這邊來。

陳：我的一個朋友跟我說，你常去香港，中共打飛彈，你不和我們長相與共。我說你錯了，我禮拜一到禮拜四都還在台灣，主持「文茜小妹大」，只有周末的時候，才逃得了飛彈。

李：所以中國大陸以前說單打雙不打，我要求他們不要打在大安區，你要求他們要周末打不要上班日打。

陳：我有心理準備一起倒楣。中共來的時候，眞正倒楣的還是我和你。我們在國民黨時候倒楣，在民進黨時候倒楣，共產黨來的時候，我們還是要倒楣，因爲我們是永遠的異議者。

李：我可以告訴你一個好消息，陳水扁的國策顧問李喬講過一段話，他說共產黨來的時候，我們絕對打不過，我們一定會被他們打敗，可是在他們打敗我們以前，我們有能力把這些台奸殺光。所以我們倆會被殺光，台奸甲，台奸乙，所以那個時候我們看不到共產黨來了，我們在亂兵裡面已經被殺光了。

爲什麼辜振甫的老子那麼吃得開呢？當時的台灣日本人打過來時，台灣台北市不是鬧獨立嗎？獨立之後，台北市的亂兵整天搶，搶了之後，這些富商吃不消了，所以才由廈門街的富商，找到了辜振甫的老子，趕緊去淡水把日本人接回來。

我們受不了了，所以在那個混亂的階段裡面，會有烈士陳文茜出現，還有烈士李敖出現，所以我們有一個情況是不倒楣的，就我們被他們先殺掉了，在最危險的時候，被他們殺掉了。所以當共產黨來時，我們不用再當異議者，不用再當反抗共產黨的人，我們已經先殉難了。

陳：那不公平啊！你已經活到七、八十歲了，我還沒呢。

李：所以現在我唯一的辦法就是開始學著、努力學著不要怕坐飛機，我也禮拜六去香港。

INK PUBLISHING People 2
# 只怕陳文茜

| | |
|---|---|
| 作　　者 | 陳文茜 |
| 攝　　影 | 賴岳忠 |
| 總 編 輯 | 初安民 |
| 責任編輯 | 施淑清 |
| 美術編輯 | 許秋山 |
| 校　　對 | 施淑清　陳文茜 |
| 發 行 人 | 張書銘 |
| 出　　版 | INK印刻出版有限公司<br>台北縣中和市中正路800號13樓之3<br>電話：02-22281626<br>傳真：02-22281598<br>e-mail：ink.book@msa.hinet.net |
| 法律顧問 | 漢全國際法律事務所<br>林春金律師 |
| 總 經 銷 | 成陽出版股份有限公司<br>訂購電話：03-3589000<br>訂購傳真：03-3581688<br>http：//www.sudu.cc |
| 郵政劃撥 | 19000691　成陽出版股份有限公司 |
| 印　　刷 | 海王印刷事業股份有限公司 |
| 出版日期 | 2004年12月　初版<br>2005年 1 月30日　初版二十三刷 |

ISBN　986-7420-37-3
定價　280元



國家圖書館出版品預行編目資料

只怕陳文茜／陳文茜 著.
--初版，--臺北縣中和市：INK印刻，
2004〔民93〕面；　公分（people；2）

ISBN　986-7420-37-3（平裝）
1.政治 - 台灣 - 論文,講詞等

573.07　　93020644

INK

NK INK INK INK INK INK INK IN
INK INK INK INK INK INK INK
NK INK INK INK INK INK INK IN
INK INK INK INK INK INK INK
NK INK INK INK INK INK INK IN
INK INK INK INK INK INK INK
NK INK INK INK INK INK INK IN
INK INK INK INK INK INK INK
NK INK INK INK INK INK INK IN
INK INK INK INK INK INK INK
NK INK INK INK INK INK INK IN
INK INK INK INK INK INK INK
NK INK INK INK INK INK INK IN
INK INK INK INK INK INK INK
NK INK INK INK INK INK INK IN
INK INK INK INK INK INK INK
NK INK INK INK INK INK INK IN
INK INK INK INK INK INK INK
NK INK INK INK INK INK INK IN
INK INK INK INK INK INK INK
NK INK INK INK INK INK INK IN
INK INK INK INK INK INK INK
NK INK INK INK INK INK INK IN
INK INK INK INK INK INK INK
NK INK INK INK INK INK INK IN
INK INK INK INK INK INK INK
NK INK INK INK INK INK INK IN